# 作者簡歷

## 一、學歷：

東吳大學 歷史學系
中原大學 宗教研究所
以色列耶路撒冷希伯來大學 - 希伯來語第六級(最高級)文憑

## 二、以色列相關經歷：

| | |
|---|---|
| 2012.11 - 2013.5 | 以色列國際志工 Kibbutz Samar。 |
| 2014.9 - 2015.4 | 以色列國際志工 Kibbutz Ein Gev。 |
| 2015.7 - 2017.6 | 耶路撒冷希伯來大學主修希伯來語。 |
| 2016 - 2017 | 在以期間曾四度受邀至以色列國會中文-希伯來文-英文翻譯。 |
| 2018.3 | 創辦妥拉坊，推廣希伯來語與妥拉學習。 |
| 2018.3 - 2020.6 | 基督教網路平台:鴿子眼「奧秘之鑰-解鎖妥拉」、「創世奧秘-文字智慧:22個希伯來語字母解析」主講人。 |
| 2018.12-2020.12 | 以色列聯合呼籲組織台灣分會妥拉講師。 |
| 2019.10 迄今 | 政大公企中心 現代/聖經希伯來語、妥拉講師。 |

## 三、參與講座：

2018.12 以色列教育思維影響力論壇:「踏進人生的應許之地-以色列經驗的個人生命省思」，由迦樂國度文化主辦。

2019.4 妥拉:生命之道 猶太文化藝術展(台南場)，主講「出埃及記文本詮釋及其宗教意涵」由猶沐文化主辦。

2019.9 政大公企中心，「智慧之鑰-希伯來語」。

2019.10 妥拉: 生命之道 猶太文化藝術展 (台北場)，共四場講座:「猶太人的精神食糧:妥拉、猶太人的教育思維、上帝的文字:希伯來語、上帝的行事曆」。由猶沐文化、正義美學主辦。

2020.8 妥拉藝術文化展:共生共存，「奇布茲:以色列志工經歷的省思啟示」。由猶沐文化、正義美學主辦。

妥拉坊自 2018 年 3 月創辦以來，亦不定期自行舉辦希伯來語、及妥拉相關的課程及講座。

# 作者序

由基督教網路平台:鴿子眼策畫,以基督徒的角度來讀妥拉,冀望用深入淺出之方式來介紹妥拉的「奧秘之鑰-解鎖妥拉」這一系列影片拍攝計畫,前後歷時兩年多,從 2018 年 3 月開始至 2020 年 5 月結束。筆者有幸,受邀撰寫該計畫的所有影片腳本 (逐字稿) 的內容,從「創世記、出埃及記、利未記、民數記、申命記」共 54 段妥拉、以及「耶和華的節期」、和「創世奧秘-文字智慧」22 個希伯來文字母解析。以上內容文字,共逾六十餘萬字,拍出 300 多支的影片。

自 2020 年 5 月拍攝結束後,筆者開始將這些文字整理成冊,以待日後出版成書,從創世記、出埃及記、利未記、民數記、申命記、耶和華的節期、和 22 個希伯來語字母解析,共七本書。

讀者拿在手上的這本《奧秘之鑰-解鎖妥拉:申命記》就是根據原先拍攝的影片腳本 (逐字稿) 擴充而來,文中加了些許註腳,俾使文本的質量更加豐富。

現在回首,能完成這麼龐大的計畫完全是上帝的恩典,感謝鴿子眼及 Betaesh 的團隊在過去的協作和支持,特別是 Kevin 若沒有你的發起和全力支持,這個計畫是不會發生的、Peter & Jill 若沒有你們堅持到底的精神和堅毅的執行力,在當中居間協調並解決各樣大小問題與狀況,那這個計畫是不可能會完成的、最後感謝元萍的影片後製,若沒有妳精準和過人的細心,這麼大量的希伯來文字卡和希伯來文經文是不可能這麼整齊漂亮的出現在影片上。

也特別感謝愛生協會/以色列聯合呼籲組織台灣分會會長 Richard & Sandy 的邀請,讓鹽光能完整分享兩年的妥拉課程,每次預備分享課程的內容,以及思想咀嚼你們所提出的每個問題時,總能使鹽光更加深對於每段妥拉深入又多面向的思考。

另外,也特別感念香港夏達華總幹事黃德光老師的指導,在撰寫腳本期間,您總是願意耐性地看完我內容冗長的文字,並給我方向和激發我做進一步的思考。筆者兩次赴港,去到夏達華聖經文物博物館參訪期間,也承蒙 Amelia,Alison,Henry 等老師的熱情接待與照顧,在此一併致謝。

在拍攝-寫作期間,也感謝不少人默默地給予支持和奉獻,在此特別謝謝 Eva 姐。

最後,感謝我的父、母親,沒有你們全然放手,全然支持我的「以色列信心之旅」那就不會有現在的我,也感謝我的岳父、岳母,寫作期間還特別買了一部筆電讓我能進入高效能地寫作狀態,也特別感謝岳母 洪博士,於百忙中還願意幫女婿

校稿。還有我最摯愛的太太(現正懷著八個月大的女兒:鍾馨)，若沒有妳對我的「不離不棄」和「完全的信任及全部的支持」，這個妥拉拍攝-寫作的如此龐大的計畫是不可能成就的。

感謝上帝，感謝祢的恩典，感謝祢所賞賜的一切。

# 格式與範例

一、**QR Code**.

在本書中，讀者將會看到許多 **QR Code**.(上面正方形的圖案)。在每段妥拉的標題，和正文當中五個分段的標題旁邊，都會出現這些 **QR Code** 的方型圖案。

正如前文在作者自序中所述，這一系列《奧秘之鑰-解鎖妥拉》的著作，原先是一項大型拍攝計畫: 54 段妥拉，每段妥拉再細分成五支短信息的影片。本計畫始於 2020 年 6 月拍攝結束後，陸續將近三百支影片全數上傳至基督教網路福音平台: 鴿子眼 Youtube 頻道。

而本書《奧秘之鑰-解鎖妥拉: 申命記》，及其後即將出版的出埃及記、耶和華的節期、及希伯來文 22 字母釋義，皆由筆者原先為著拍攝計畫而寫成的「影片腳本 (逐字稿)」所進一步「擴充」而成。

在這些腳本(逐字稿)中，正如讀者在本書中將會看到的，會有許多的希伯來經文和字詞，若讀者也想同步學習及聆聽這些**希伯來文**的正確發音，即可以用手機來「掃描」這些 **QR Code**. 連結到對應的妥拉影片，和本書一起閱讀視聽，順便學習經文當中一些重要的**希伯來文**的字詞和概念。

## 二、本段妥拉摘要

在每段妥拉的第一頁，都會有一份「本段妥拉摘要」的文字內容，此摘要放在每段妥拉的頁首，目的是希望讀者可以先透過此摘要內容，來對這一段妥拉有個初步整體的、提綱挈領的理解和認識。

## 三、經文「伴讀」

在每段妥拉的第二頁面左上角，會列出本段妥拉的經文範圍，及其相關的伴讀經文。例如申命記 No.1 妥拉<話語>篇第二頁，讀者將會看到如下的經文編排：

**申命記 No.1 妥拉 <話語> 篇（פרשת דברים）**

經文段落:《申命記》1:1 - 3:22
先知書伴讀:《以賽亞書》1:1-27
詩篇伴讀: 137 篇
新約伴讀:《使徒行傳》9:1-21、《希伯來書》3:7-4:11

關於妥拉讀經的「分段」[1]，以及和本段妥拉信息相關所搭配的「先知書伴讀」[2]，這個讀經的傳統至少已有 1500 年的歷史。「詩篇伴讀」[3] 也是由猶太先賢們找出和本段妥拉信息、內容「能彼此呼應」的篇章作伴讀，目的也是讓讀經的人，能更加深對本段妥拉的經文理解。最後的「新約伴讀」則是作者參考幾個權威性的「彌賽亞信徒 (信耶穌的猶太人)」的網站 [4] 彙整而來。

以上的讀經方式: 猶太人 (包括信耶穌的猶太人，即所謂的彌賽亞信徒) 讀妥拉「搭配」一段與其經文「信息內容」相關的先知書、詩篇、以及新約經文，其實是一種「以經解經」的讀經方式。透過妥拉、以及所搭配的先知書伴讀、詩篇伴讀、新約伴讀，各處的經文彼此「互相呼應」、「前後融貫」，這些經文本身即能「架構出」一幅較為完整的圖像，提供一幅「全景式」的讀經視野。

此外，在各個節期中如: 逾越節、五旬節、住棚節……等，歷世歷代的猶太人也都有各自「選讀」的經文段落。在這些節期中，透過這些「選讀的經文」，也更能深刻地「對準」經文的深層意涵。[5]

---

[1] 關於妥拉讀經的「分段傳統」，另參 黃德光，《道成了肉身-約翰福音猶太背景註釋(2)》，夏華達研道中心，2019 年 10 月第一版，頁 194-201，〈第十二課、古代會堂的讀經傳統:讓人驚訝不已的彌賽亞聯繫〉。

[2] 妥拉讀經的分段及先知書伴讀的分段，筆者主要參考 Nosson Scherman. *The Humash-The Torah, Haftaros and five Megillos with a commentary anthologized from the rabbinic writings.* (חמשה חומשי תורה עם תרגום אונקלוס פרש״י הפטרות וחמש מגילות), Artscoll Mesorah Publications. 2016. 以及 Adin Even-Israel Steinsaltz. *The Steinsaltz Humash-Humash Translation and Commentary.* (חומש שטיינזלץ עם ביאורו של הרב עדין אבן-ישראל שטיינזלץ), Koren Publishers Jerusalem. 2018.

[3] 詩篇伴讀，見 Rabbi Menachem Davis.*The Book of Psalms with an interlinear translation.* (ספר תהלים שמחת יהושע) The schottenstein editon, Artscoll Mesorah Publications. 2016. Xix.

[4] 例如 *Hebrew for Christian.* , *Bibles for Israel and the Messianic Bible Project.*, *First Fruits of Zion.*。書本的部分，見 David H. Stern. *Complete Jewish Bible.* Jewish New Testament Publications .1998.

[5] 詳見筆者拙作《奧秘之鑰-解鎖妥拉:耶和華的節期》，在本書中會把所有節期相關「選讀及伴讀的經文」羅列出來。

## 四、妥拉「標題」

行文中，每段妥拉的「標題」皆以「雙箭頭-粗體字」做標示，目的是要凸顯出這段妥拉的「主題信息」，因為每段妥拉的重點信息大抵都會圍繞在「標題」上，例如下文：

申命記第一段妥拉標題<話語>。經文段落從申命記 1 章 1 節到 3 章 22 節。<話語>這個標題，在和合本中文聖經，申 1:1：

『以下所記的是摩西在約旦河東的曠野、疏弗對面的亞拉巴— 就是巴蘭、陀弗、拉班、哈洗錄、底撒哈中間向以色列眾人**所說的話**。』

אֵלֶּה הַדְּבָרִים אֲשֶׁר דִּבֶּר מֹשֶׁה אֶל כָּל יִשְׂרָאֵל בְּעֵבֶר הַיַּרְדֵּן בַּמִּדְבָּר בָּעֲרָבָה מוֹל סוּף בֵּין-פָּארָן וּבֵין-תֹּפֶל וְלָבָן וַחֲצֵרֹת וְדִי זָהָב

這段妥拉的標題: <**所說的話**>或<**話語**> (**דְּבָרִים**) 就是希伯來經文申 1:1 的第二個字，這個字 (**דְּבָרִים**) 就是申命記第一段妥拉的標題。

(**דְּבָרִים**) 這個字除了作「話語」來解釋之外，還有「**事物**」之意。(**דְּבָרִים**) 同時也是「申命記」這卷書的希伯來文「書卷的名稱」。

## 五、整段「淺灰」

行文中，若一些「字詞和概念」是筆者欲加強的閱讀重點，這些「字詞和概念」同樣會以「粗體字」做標示。若「一整段」是筆者認為的的「重點內容」，那這「一整段」的文字會以「淺灰色」全部覆蓋，例如下文：

「陀弗、拉班」(**תֹּפֶל וְלָבָן**)，是摩西提到以色列百姓抱怨、厭惡「嗎哪」的罪，因為「陀弗、拉班」都是在描述「嗎哪」外觀和顏色的字，特別是「拉班」(**לָבָן**)這個字就是「白色」的意思。

「底 撒哈」(**דִי זָהָב**)，其實嚴格說來並沒有這個地名，這裡「撒哈」(**זָהָב**) 希伯來文的意思就是「金」，前面的「底」(**דִי**) 就是「足夠、夠了」的意思，所以「底撒哈」就是在講「金牛犢」事件 。

以上就是申 1:1，摩西提到的所有地名，背後所指涉的事件、以色列百姓過去所犯的過錯、失敗，所經歷的教訓和功課，摩西透過類似暗語的方式來加以「回顧」一番。

常說「**回顧**」與「**展望**」。申命記作為一本摩西最後離世前，向新一代以色列百姓<**所說的話**>，最後的耳提面命，一開始摩西就是把過去以色列百姓所犯的錯誤和罪惡「全部攤開」來說，目的就是要他們「記住過往的失敗」、「記取歷史的教訓」，不要再走「前人走錯的道路」。

## 六、問題與討論

每段妥拉最後的結尾，皆會提出五個問題，問題的設計主要是幫助讀者「複習」本段妥拉的重點信息，或更進一步激發讀者對本段妥拉內容作「更深層的思考」，底下，以申命記 No.1 妥拉<話語>篇為範例:

**問題與討論:**

1. 申命記開篇的第一段妥拉，在申 1:1 的經文中，摩西開場就先用了一種「隱晦」的方式，重提過往以色列百姓所犯的「**過錯-罪惡-失敗**」，這些「**過錯-罪惡-失敗**」有哪些？ 摩西為什麼要新一代的年輕人去「記住-回憶」父輩們的過錯？

2. 在第二段信息「盡忠到底」一文中提到，摩西在最後一個月和以色列百姓相處的日子和時間中，抓緊每分每秒，孜孜不倦地向以色列百姓「**講解-闡明**」什麼？ 因為這個東西是要做為以色列的「**寶貴產業**」，代代相傳和繼承的。

3. 在第三段信息「**抓住神的應許**」一文中我們談到，以色列百姓常常「小信」，對耶和華神的旨意和計畫「沒有信心」，這是因為什麼樣的緣故？

4. 什麼東西是「維繫」一個民族的「存續」、國家制度「安全」、社會秩序「穩定」、道德體系「健全」的一個最關鍵的要素？ 所以在申命記裡，耶和華神不斷地透過摩西，在告誡以色列百姓「這項事務」的首要和重要性。

5. <話語>篇這段妥拉向新一代的以色列人回顧一些「**戰事-戰爭**」，最後結尾的<話語>，是摩西對約書亞說的這一段話:『你 親眼看見了 耶和華－你上帝 向這二王 (西宏、噩) 所行的；耶和華也必向你所要去的各國照樣行。你不要

怕他們，因 那為你爭戰的是耶和華－你的上帝。申 3:21-22　』摩西說這段
話的目的和用意為何？

# 七、妥拉讀經進度

如前文所述，妥拉的讀經進度，按照猶太人傳統，於一年內會把 54 段妥拉讀畢，
若遇「節期」，譬如:逾越節、五旬節、住棚節……等等，也都會有相關的妥拉-
先知書-詩篇和其他書卷的伴讀經文 [6]，如果讀者希望可以試行一年的妥拉讀經
進度，可以掃描上面標題「妥拉讀經進度」右邊正方形的 QR code.將妥拉坊的妥
拉讀經進度的 Google Calendar 嵌入，即可知道每週的讀經內容。

---

[6] 在猶太人的讀經傳統裡，不同的節期，會搭配不同的書卷一起伴讀，譬如在逾越節，猶太人會
讀《雅歌》。到了五旬節，猶太人會讀《路得記》。住棚節，猶太人會搭配伴讀的書卷是《傳道
書》。聖殿被毀日，猶太人會搭配《耶利米哀歌》一起伴讀。普珥節，猶太人則會伴讀《以斯
帖記》。在贖罪日，猶太人會讀《約拿書》。關於節期搭配相關書卷伴讀的內容，詳參《奧秘之
鑰-解鎖妥拉:利未記》No.6 妥拉<死了之後>篇之第四段「贖罪日與約拿」。

# 參考資料

寫作期間，除筆者自己對於（希伯來文）經文本身的思考之外，亦參考大量猶太-希伯來解經的註經書籍，撰寫過程中的許多想法和寫作方向很多都是「直接得益於」這些註經書籍，底下列出幾本權威性的著作：

Adin Even-Israel Steinsaltz. *The Steinsaltz Humash-Humash Translation and Commentary.*( **חומש שטיינזלץ עם ביאורו של הרב עדין אבן-ישראל שטיינזלץ** ), Koren Publishers Jerusalem. 2018.

Nosson Scherman. *The Humash-The Torah, Haftaros and five Megillos with a commentary anthologized from the rabbinic writings.* ( **חמשה חומשי תורה עם תרגום אונקלוס פרש״י הפטרות וחמש מגילות** ), Artscoll Mesorah Publications.2016.

Jonathan Sacks. *Covenant & Conversation Genesis：The Book of Beginnings.* Koren Publishers Jerusalem; First Edition, 2009.

Jonathan Sacks. *Covenant & Conversation Exodus：The Book of Redemption.* Koren Publishers Jerusalem; First Edition, 2010.

Jonathan Sacks. *Covenant & Conversation Leviticus：The Book of Holiness.* Koren Publishers Jerusalem; First Edition, 2015.

Jonathan Sacks. *Covenant & Conversation Numbers：The Wilderness Years.* Koren Publishers Jerusalem; First Edition, 2017.

Jonathan Sacks. *Covenant & Conversation Deuteronomy：Renewal of The Sinai Covenant.* Koren Publishers Jerusalem; First Edition, 2019.

Jonathan Sacks. *Ceremony & Celebration：Introductios to the Holidays.* Koren Publishers Jerusalem; First Edition, 2017.

Jonathan Sacks. *Lessons In Leadership.* Koren Publishers Jerusalem; First Edition, 2015.

Jonathan Sacks.*Essays on Ethics.* Koren Publishers Jerusalem; First Edition, 2016.

Nehama Leibowitz .*New Studies in Bereshit Genesis.*(**עיונים חדשים בספר בראשית**). The
World Zionist Organization. 2010

Nehama Leibowitz .*New Studies in Shemot Exodus.*(**עיונים חדשים בספר שמות**). The
World Zionist Organization. 2010

Nehama Leibowitz .*New Studies in Vayikra Leviticus.* (**עיונים חדשים בספר ויקרא**). The
World Zionist Organization. 2010

Nehama Leibowitz .*New Studies in Bamidbar Numbers.* (**עיונים חדשים בספר במדבר**).
The World Zionist Organization. 2010

Nehama Leibowitz .*New Studies in Devarim Deuteronomy.* (**עיונים חדשים בספר דברים**).
The World Zionist Organization. 2010

Avigdor Bonchek，林梓鳳譯，《研讀妥拉:深度釋經指南》(*Studying the Torah: a Guide
to In-Depth Interpretation*)，夏達華研道中心出版，2013 年 11 月。

# 什麼是「妥拉」？

摩西五經，又稱「妥拉」，希伯來文 **(תּוֹרָה)** 讀音 **Torah**，這個字的意思為「**指引、引導**」，英文為 **instruction**. **(תּוֹרָה)** 這個字究其「字根**(ירה)**」意義為「**射擊**」**shoot**. 或更進一步說，就是『**射中靶心，射中目標**』。[1]

顧名思義，妥拉就是耶和華神給以色列百姓的一套成聖「生活指南」，在這部生活寶典當中，耶和華神告訴他的子民，**應該「如何」生活、「怎麼」生活**。因此，耶和華神乃是透過妥拉，向世人表明 他對「人」受造的心意: 是要人「活出」神「**尊貴、榮美、聖潔**」的形象和樣式 。

此外，妥拉也是整本聖經的第一部分，**是神話語的「全部根基」**，妥拉是耶和華神 向世人「自我啟示」的「第一手文獻」，是以「第一人稱」「親口吩咐」一切的 聖法-典章-律例，也是耶和華神與以色列百姓所訂的永恆「**約書(סֵפֶר הַבְּרִית)**」[2]。事實上整本聖經詳述耶和華神「**直接說話**」紀錄「**頻率-密度最高**」的正是在妥拉/摩西五經當中。

在妥拉這部文獻中，可以清楚了解「**神的心意**」、他「**做事的法則**」、以及 神在人類歷史中「**運作的軌跡**」，藉此顯明 耶和華神是「**主導歷史**」的主，他給「**救贖歷史**」的發展主軸做了一個「**定調**」就是: 耶和華神確立以色列作為「**長子**」的名分，以色列要在萬民中做屬神的子民，成為『**祭司的國度、聖潔的國民**』，為列國的光。耶和華神立他「聖名的居所」[3] 在以色列當中。而那將來要做以色列的王、彌賽亞耶穌，祂會從「**以色列家-猶大支派-大衛**」的後裔而出。耶和華神將迦南地賜給以色列百姓為「**永久的產業**」。**在末後的日子，耶和華神要在以色列身上「顯出」祂大能的權柄和榮耀**。[4] 以上，就是耶和華神，在妥拉裡，**所架構出的一個救贖歷史的「格局和框架」**，好讓世人有一個清楚、可依循的「引導、指南」。

所以，妥拉就「不只是」耶和華神對一個民族所說的話，**還更是耶和華神對於全人類的心意**，包含祂所定下的 **各個節期**，和人類「救贖」大歷史的計畫。

---

[1] 關於「**妥拉(תּוֹרָה)**」一詞的詳細釋義，另見《奧秘之鑰-解鎖妥拉:利未記》No.10 妥拉<在我的律例>篇之第二段「律法與妥拉」。

[2] 出埃及記 24:7。

[3] 申命記 12:5,11,14,26, 16:2,6,7,11,15,16.。同參《奧秘之鑰-解鎖妥拉:申命記》No.4 妥拉<看哪>篇之第二段「立為祂名的居所」。

[4] 以西結書 36:23, 38:16,23。

同時，妥拉也不是一套墨守成規的律法、教條，就像文士、法利賽人所守的、所理解的那種方式，因為這正是耶穌所反對「面對妥拉的僵硬方式」。**妥拉乃是神的話語，是要『帶來生命和醫治』**。

正如約書亞記 1:8 所說：

> 『這**律法**書 (原文是**妥拉**) [5]，不可離開你的口，總要晝夜思想，
>      好使你謹守遵行這書上所寫的一切話。
>      如此，你的道路就可以亨通，凡事順利。』

又如詩篇 1:2-3 所記載：

> 『惟喜愛耶和華的 **律法** (原文是**妥拉**)， 晝夜思想， 這人便為有福！
>      他要像一棵樹栽在溪水旁，**按時候結果子，葉子也不枯乾。**
>            **凡他所做的 盡都順利。** 』

及至到了被擄歸回時期，尼西米、文士以斯拉回到耶路撒冷後，他們所做的第一件是仍是『**恢復神的律:妥拉**』。

尼西米記 8 章，描述了這一感人肺腑的重大時刻：

> 『到了七月，以色列人住在自己的城裏。
>      那時，他們如同一人聚集在水門前的寬闊處，
>    請文士以斯拉，將耶和華藉摩西傳給以色列人的 **律法書(妥拉)** 帶來。...
>      以斯拉站在眾民以上，在眾民眼前展開 **這書(妥拉)**。
>    他一展開，眾民就都站起來。...眾民聽見 **律法書(妥拉)** 上的話都哭了。 』

整本聖經，對妥拉是充滿「**積極正面**」的教導，這是當然的，因為那是『**耶和華神的話**』。

又如詩篇 19:7 說：

> 『耶和華的 **律法(妥拉)** 全備，能甦醒人心。』

來到新約，耶穌與妥拉 [6] (當然) 也是息息相關。

---

[5] **妥拉(תוֹרָה)** 這個希伯來字在中文聖經多半被翻譯成「律法」，這其實並不是很好的翻譯。

[6] 同參《奧秘之鑰-解鎖妥拉:利未記》No.10 妥拉<在我的律例>篇之第三段「耶穌與律法」。

耶穌曾在約翰福音 4:22 親自提到 救恩的猶太根基，耶穌說：『你們所拜的你們不知道，我們所拜的我們知道，因為 **救恩是從猶太人出來的。** 』

耶穌從『亞伯拉罕-以色列家-猶大支派-大衛的後裔』而出，耶穌「在世肉身」的身分，是個不折不扣的猶太人，正如保羅所說『列祖就是他們的祖宗；按肉體說，基督(**彌賽亞**) 也是從他們 (以色列) 出來的』羅馬書 9:5

耶穌在世，守安息日、上會堂，讀 (父神耶和華的) 妥拉、過父神耶和華的節期：逾越節、五旬節、住棚節⋯⋯等等。在新約裡面，有許多地方記載耶穌「**遵守妥拉**」的典範 ，以及對妥拉「**賦予新意**」的教導。

首先、耶穌按照妥拉「**受割禮**」[7]，在聖殿中獻給父神。在路加福音 2:21-23 中寫道：『滿了 八天，就給孩子 行割禮，與他起名叫耶穌；這就是沒有成胎以前，天使所起的名。按摩西律法 (妥拉) 滿了潔淨的日子，他們帶著孩子上耶路撒冷去，要把他獻與主(父神耶和華)。正如主 (父神耶和華) 的律法 (妥拉) 上所記：凡頭生的男子必稱聖歸主。』

第二、耶穌運用妥拉中的教導，例如在路加福音 5:12-14 經文提到，當耶穌醫治完大痲瘋的病人後就對他說：『只要去給祭司查看，照摩西 (妥拉) 所規定的，獻上潔淨禮的祭物，好向他們作見證。』[8]

第三、在新約中，隨處可見耶穌遵守妥拉中「**耶和華神所定下的節期**」，譬如在馬太福音 26:17 中寫到耶穌守逾越節：「除酵節的第一天，門徒來問耶穌說：你吃「**逾越節**」的筵席，要我們在哪裡給你預備？」

事實上，耶穌來到世上的「道成肉身」的救贖工作，完全就是以「**耶和華的節期**」為中心展開。[9] 馬太福音 26:2，耶穌說『你們知道，過兩天是 **逾越節**，人子將要被交給人，釘在十字架上。』所以耶穌是「**逾越節**」被殺的羔羊，因為按照 **父神耶和華的時間計畫表**，耶穌在「**逾越節**」受難。耶穌在「**初熟節**」復活，所以耶穌成為『睡了之人初熟的果子』林前 15:20。最後，耶穌升天前囑咐門徒，要在耶路撒冷等候父神在「五旬節」的時候，將聖靈澆灌下來。使徒行傳 1:4

最後、耶穌在世 **並沒有廢掉妥拉，乃是要成全妥拉**。在馬太福音 5:17-18，耶穌說：

---

[7] 同參《奧秘之鑰-解鎖妥拉:利未記》No.4 妥拉<懷孕>篇之第五段「割禮的盟約」。

[8] 同參《奧秘之鑰-解鎖妥拉:利未記》No.5 妥拉<大痲瘋>篇之第五段「耶穌與大痲瘋」。

[9] 同參《奧秘之鑰-解鎖妥拉:利未記》No.8 妥拉<訴說>篇之第二段「節期的功能」。

『莫想我來要廢掉 律法/妥拉(תּוֹרָה) 和先知，
我來不是要廢掉，乃是要成全。
我實在告訴你們：就是到天地都廢去了，
律法/妥拉(תּוֹרָה) 的一點一畫 也不能廢去，都要成全。』

耶穌沒有廢掉妥拉，**耶穌要廢掉的 乃是：**文士和法利賽人所奉行的僵化的、人為的「**律法主義**」。因為耶穌其實把律法/妥拉的標準「**提的更高**」，直搗妥拉的核心，也就是人的心思意念。『凡看見婦女就動淫念的，這人「**心裡**」已經與她「**犯姦淫**」了。』馬太福音 5:28

事實上，在耶穌、門徒和初代彌賽亞會堂[10] 的時期，他們所讀的是「希伯來聖經」，至少摩西五經(**妥拉**)和先知書的部分都已成冊。所以《提摩太後書》3:16 節說的『**聖經** 都是神所默示的，於教訓、督責、使人歸正、教導人學義都是有益的， 叫屬神的人得以完全，預備行各樣的善事。』這裡的「**聖經**」，自然指的是：**妥拉、先知書**。

再來，在耶穌那個時候，也尚未有『受難日、復活節、聖靈降臨節…』這些後來人所制訂出來的節期；**耶穌和門徒們過的是妥拉中『耶和華的節期』。**

客觀忠實地回到聖經的文本和歷史脈絡中，**其實「耶穌自己」並沒有要自立於以色列先祖的「希伯來信仰的傳統」之外，另立「一個新的宗教」，並且自稱為這個「新宗教的教主」**，耶穌沒有這樣做。充其量我們最多只能說：耶穌是希伯來信仰中，一個最具革命性、帶來最深遠效應的一位 (在希伯來信仰體系中的) 宗教改革者，只是這位改革者的身分極其特殊，因為他乃是父神耶和華所差來的：[11]

『我與「父神耶和華」原為一。』約翰福音 10:30

我們說，基督徒信耶穌，是耶穌的跟隨者，那耶穌自己有沒有信仰 ？

答案是肯定的，耶穌相信父神 (耶和華)，耶穌說：

---

[10] 相信耶穌是猶太人的彌賽亞的門徒們，及其所成立的會堂，稱之為「彌賽亞信徒和會堂」。

[11] 當耶穌談論上帝時，總會勾起人對 (以色列的) 上帝的回憶，記起 (這位)上帝所做的一切。
這位上帝從地上萬族揀選亞伯拉罕，拯救以色列免受埃及奴役，上帝賜他們妥拉，讓他們成為祂的子民。這位上帝又藉眾先知，告訴他們救贖將要臨到。耶穌談論「上帝」，談論的是跟「以色列」有深厚淵源的上帝，不是討論哲學家想像的那個「抽象的」上帝。所以耶穌在猶太會堂、在耶路撒冷聖殿宣講信息，完全是理所當然，因為這裡就是以色列的上帝受人敬愛和崇拜地方。正因為如此，當眾人回應耶穌的信息時，『他們就歸榮耀給「以色列的上帝 (אֱלֹהֵי יִשְׂרָאֵל)」。』(馬太福音 15:31)。見《耶穌的福音-探索耶穌信息的核心》，Joshua N. Tilton，呂少香譯，夏達華研道中心出版，2015 年九月，頁 13. 第三章 <耶穌宣告「誰的」王國?>

『我以「父神耶和華」的事 為念。』路加福音 2:49

又說：

『子憑著自己什麼也不能做，
只有看見「父神耶和華」所做的，子才能做，
因為「父神耶和華」所做的事，子也同樣地做。』約翰福音 5:19

再來看耶穌的<主禱文>就非常清楚，前三句話都是「指向」天父(耶和華神):

『我們在「天上的父神耶和華」，
願人都尊「祢耶和華神的名」為聖，
願「祢耶和華神的國」降臨，
願「祢耶和華神的旨意」行在地上如同行在天上。』馬太福音 6:9-10

如果耶穌在地上，凡事都按照「父神耶和華的旨意」在行事....那我們應該就有必要去認真探詢和了解「父神 (耶和華) 的心意」為何？ 「父神耶和華做事的法則」是什麼？ 而這些，其實都已詳細地啟示-陳明在妥拉 (摩西五經) 當中。

因為，耶穌道成肉身，來到人世間的最終目的，是要把人「引向」父神耶和華那裏去，正如耶穌自己說的：

『我就是道路、真理、生命。
若不是藉著我，沒有人能到「父神耶和華」那裡去。』約翰福音 14:6

『因為我從天上降下來，不是要按自己的意思行，
乃是要按「那差我來者的」意思行。』約翰福音 6:38

『我的教訓，不是我自己的，
乃是「那差我來者」的。』約翰福音 7:16

這樣看來，作為聖子的耶穌，自然也就不可能會說出和父神耶和華「互相矛盾」的話語和教導出來，因為如詩人所言：

『耶和華啊，祢的話(妥拉) 安定在天，直到永遠。』詩篇 119:89

最後，用詩篇 119:1 這節經文來做一個小結：

『行為完全、**遵行耶和華律法 (妥拉)** 的，這人便為有福。』[12]

[12] 詩篇 119 篇除了是「篇幅最長」的一首詩篇，也是出現「妥拉(**תּוֹרָה**)」這個字密度最高，最頻繁的一首詩篇，一共出現 25 次之多，高居整本聖經之冠，原因無他，因為詩篇 119 正是在歌頌-讚美耶和華神「妥拉」的智慧奧妙，並教導人要愛「妥拉」、遵守「妥拉」。

# 目錄

# 申命記
## 「文本信息」綜論

申命記，希伯來文的書卷名為 (דְּבָרִים)，意思為「話語和事物」，其字根 (דבר) 同時具有「說話」(saying words)、和「事物-東西」(things) 這兩者的意思，因為「話語」其實有「能使...成為真實」的能力，耶和華神正是透過「話語」來創造「事物」，祂「說」有「就有」、命立就立。

如此，在申命記中，耶和華神透過摩西「所說的話」來重申、闡明並告誡祂的子民，裡面就有許多是指著以色列百姓「將來」會遭遇、發生的「事情」，後來 (大部分) 都如實地「應驗成真」。

這些，摩西已經是「說到底的」 預言包括了：

1. 以色列百姓得迦南地為永久產業。(整部妥拉/摩西五經都在講述此事)
2. 但因為犯罪、不守神的誡命而 (暫時) 被趕散到列國，在列國中受驅逐、逼迫、甚至殺戮。申 28:45-68
3. 然而，耶和華神 (至終) 會「再次招聚」以色列的餘民「回歸」到故土:以色列地。申 30:1-8
4. 以色列為耶和華神「眼中的瞳人」。申 32:7-14
5. 因此，到最後，耶和華神『要伸祂僕人 (以色列) 流血的冤，報應他的敵人們，潔淨祂的地，救贖祂的百姓。』申 32:27-43

至此，申命記已經把救贖歷史的「末世」階段的「主題」給闡述出來。此外，摩西在申命記裡說:『耶和華神要從你們弟兄中間給你興起「一位先知」像我(摩西)。』也預告將來的彌賽亞:耶穌。申 18:15,18

如此看來，申命記更像是一部「先知」書，早已「預先看到」人類歷史發展到終局的主要架構和脈絡。就正如申命記希伯來文的書卷名為 (דְּבָרִים)，意為「話語-事物」，在這卷書「所寫的話語」，最後都會成為「具體可見的事物」，必會應驗和發生。

# 申命記 No.1 妥拉

# <話語>篇 (**פרשת דברים**)

**本段妥拉摘要:**

申命記第一段妥拉，標題<話語>，希伯來文(**דְּבָרִים**)。<話語>這個字同時也是申命記這卷書的希伯來文的「書卷名」。

(**דְּבָרִים**) 這個希伯來字除了有<話語>的意思之外，也有<事物>的含意，所以顧名思義，整卷申命記，其實就是收錄摩西離世前最後一個月，對這些準備過約旦河，前進迦南，得地為業的新一代以色列百姓，所說的「最後演講」，說的一些最重要的<話語>，和摩西認為最重要的<事物>是要來告誡提醒以色列百姓的。

在這些重要的<話語>和摩西認為以色列百姓必須要「首先知道」，並存記的重要<事物-事情>，就是你們以色列過去所犯的「過錯-罪惡」。摩西在申命記開篇 1:1 用一種「暗語」的方式，提到過去以色列百姓所走的一切「錯誤」的道路，接著在 1:19 開始，就講到這個將以色列百姓<在曠野>的路途逐步帶下「死亡深淵」的「探子」事件。

探子事件這椿「悲劇」之所以發生，最主要的問題就在於以色列人的「不信」，這個對耶和華神的「小信」或者「不信」，其實也就是以色列人<在曠野>漂流的時候「最核心」的一個重大問題。

『你們在這事上 卻不信 耶和華－你們的上帝。祂在路上，在你們前面行，為你們找安營的地方；夜間在火柱裏，日間在雲柱裏，指示你們所當行的路。耶和華聽見你們這話，就 發怒，起誓說：這 惡世代 的人，連一個也不得見 我起誓應許賜給你們列祖的 美地。』申 1:32-35

正是透過「探子事件」的回顧，摩西一方面責備以色列人，另方面也是要告訴這些即將過河，前進迦南，「繼續征戰」的以色列人說，也就是這段妥拉的最後一節收尾「總結」的經文：『你不要怕他們，因那 為你爭戰的 是耶和華－你的上帝。』申 3:22

# 申命記 No.1 妥拉 <話語> 篇（פרשת דברים）

經文段落:《申命記》1:1-3:22.
先知書伴讀:《以賽亞書》1:1-27. [1]
詩篇伴讀: 137 篇
新約伴讀:《使徒行傳》9:1-21、《希伯來書》3:7-4:11

## 一、 要記住的失敗

申命記第一段妥拉標題<話語>。經文段落從申命記 1 章 1 節到 3 章 22 節。
<話語>這個標題，在申 1:1：

> 『以下所記的是摩西在約旦河東的曠野、疏弗對面的亞拉巴－
> 就是巴蘭、陀弗、拉班、哈洗錄、底撒哈中間向以色列眾人**所說的話**。』

אֵלֶּה הַ**דְּבָרִים** אֲשֶׁר דִּבֶּר מֹשֶׁה אֶל כָּל יִשְׂרָאֵל בְּעֵבֶר הַיַּרְדֵּן בַּמִּדְבָּר בָּעֲרָבָה מוֹל סוּף
בֵּין פָּארָן וּבֵין תֹּפֶל וְלָבָן וַחֲצֵרֹת וְדִי זָהָב

這段妥拉的標題: <所說的話>或<話語> (**דְּבָרִים**) 就是希伯來經文申 1:1 的第二個字，這個字 (**דְּבָרִים**) 就是申命記第一段妥拉的標題。

(**דְּבָרִים**) 這個字除了作「**話語**」來解釋之外，還有「**事物**」之意。(**דְּבָרִים**) 同時也是「申命記」這卷書的希伯來文「書卷的名稱」。

中文「申命記」，顧名思義就是「重申誡命」，若從希伯來文來看，申命記的希伯來文書卷名(**דְּבָרִים**) 原來的意思指的是「**話語-事物**」。

也就是一些重要的「**話語**」，和一些重要的「**事情、事物**」，是摩西在世「**最後一個月**」想要提醒、告誡新一代的以色列百姓的重要「**話語**」和重要「**事物**」。

---

因為摩西無法跟著這群以色列人一起進迦南地，所以，在百姓們準備要過約旦河前，摩西利用最後的時間「回顧」過去在曠野漂流的日子，和所經歷一切的失敗、挫折、教訓、功課，目的是：叫他們不要再重蹈覆轍。

所以，再回到申 1:1 的經文：
『以下所記的是摩西在約旦河東的曠野、疏弗對面的亞拉巴－就是巴蘭、陀弗、拉班、哈洗錄、底撒哈中間－向以色列眾人<所說的話>。』

這裡提到的所有地名：從曠野、疏弗對面、亞拉巴、巴蘭、陀弗、拉班、哈洗錄、到底撒哈，其實每個地名都是 摩西用「隱晦」的方式，重提過往以色列百姓所犯的「過錯-罪惡」，底下按照傳統猶太釋經的解析，說明每個地點，背後所指涉的「過錯-犯罪」。

首先提到的「在曠野」，這裡摩西暗指的是出埃及記 16:1-3 那裡，以色列百姓才剛出埃及，過紅海，就馬上在曠野向摩西、亞倫發怨言，說：『巴不得我們早死在埃及地、耶和華的手下；那時我們坐在肉鍋旁邊，吃得飽足。你們將我們領出來，到 這曠野，是要叫這全會眾都餓死啊！』

「亞拉巴」(עֲרָבָה) 這個字是「平原」之意，所指涉的是百姓在摩押「平原」的什亭所犯的淫亂罪。民數記 25:1-9

「疏弗對面」(מוֹל סוּף)，「疏弗」這個字就是「紅海」(יַם סוּף)，或者說「蘆葦海的「蘆葦」(סוּף)，所以這裡摩西所說的「疏弗對面」指的就是，以色列百姓被摩西帶到紅海邊，看到埃及兵丁來追殺時，所發出的怨言，在出埃及記 14:11-12：『他們對摩西說：「難道在埃及沒有墳地，你把我們帶來死在曠野嗎？你為甚麼這樣待我們，將我們從埃及領出來呢？我們在埃及豈沒有對你說過，不要攪擾我們，容我們服事埃及人嗎？因為服事埃及人比死在曠野還好。」』

「巴蘭」(פָּארָן)，這是講到民數記 13-14 章，以色列人從「巴蘭」的曠野打發探子出去窺探迦南地，和之後爆發的「探子報惡信」事件，導致以色列全營信心崩潰，最後宣判出埃及那一代的以色列人都不得進入曠野。

「陀弗、拉班」(תֹּפֶל וְלָבָן)，是摩西提到以色列百姓抱怨、厭惡「嗎哪」的罪，因為「陀弗、拉班」都是在描述「嗎哪」外觀和顏色的字，特別是「拉班」(לָבָן) 這個字就是「白色」的意思。

「哈洗錄」(חֲצֵרֹת)，這個地方讓我們想到民數記 12 章亞倫和米利暗「毀謗摩西」的事件，另外，猶太傳統也認為「可拉叛黨」也是在哈洗錄附近發生的。

4

「底 撒哈」(**דִי זָהָב**)，其實嚴格說來並沒有這個地名，這裡「撒哈」(**זָהָב**) 希伯來文的意思就是「金」，前面的「底」(**דִי**) 就是「足夠、夠了」的意思，所以「底撒哈」就是在講「金牛犢」事件 。

以上就是申 1:1 摩西提到的所有地名，背後所指涉的事件、以色列百姓過去所犯的過錯、失敗，所經歷的教訓和功課，摩西透過類似暗語的方式來加以「回顧」一番。

常說「**回顧**」與「**展望**」。申命記作為一本摩西最後離世前，向新一代以色列百姓<*所說的話*>，最後的耳提面命，一開始摩西就是把過去以色列百姓所犯的錯誤和罪惡「全部攤開」來說，目的就是要他們「記住過往的失敗」、「記取歷史的教訓」，不要再走「前人走錯的道路」。

## 二、 盡忠到底

『摩西在約旦河東的摩押地 **講解(闡明)** 這律法(妥拉) 說』申 1:5
**בְּעֵבֶר הַיַּרְדֵּן בְּאֶרֶץ מוֹאָב הוֹאִיל מֹשֶׁה בֵּאֵר אֶת-הַתּוֹרָה הַזֹּאת לֵאמֹר**

在申 1:5 的經文，除了「**這律法、這妥拉**」(**הַתּוֹרָה הַזֹּאת**) 這個詞組很重要之外，另一個動詞就是 (**בֵּאֵר**) 這個字，中文和合本聖經的翻譯只用「**講**」一詞就輕易帶過，其實 (**בֵּאֵר**) 這個動詞更好的翻譯是「**講明白-闡述清楚**」，英文翻譯就是 **make clear, clarify**.

『出埃及 第四十年十一月初一日，
摩西照耶和華藉著他所吩咐以色列人的話都曉諭他們。』申 1:3

摩西此時，正準備護送新一代以色列百姓過約旦河，進入迦南地，只是在他們過河之前，和他們道別之前，**摩西念茲在茲的，還是以色列百姓的「生存」，他們的「靈命」、他們的「前途」，他們的「未來」。**

在最後一個月，摩西和以色列百姓相處的日子裡，摩西依舊不厭其煩地在向百姓「**持續講解-講明**」耶和華神一切的聖法、律例、典章、法度、誡命，目的就是要以色列百姓能「**完全明白**」神的聖法和神的心意。

從這裡可以看到摩西作為耶和華神的僕人，其「**謙卑**」和「**盡忠到底**」的服事表率。

有一句話叫「晚節不保」。很多工作和服事者，本來一開始是表現良好，有好名聲，有信用的，但直到發生「醜聞」或是「舞弊」的事件，結果這個人的聲譽、和道德操守就「毀於一旦」，過去所累積出來、所擁有的成就和功勞可能就此一筆抹煞，這樣的情形，就叫做「晚節不保」。

回到摩西，摩西並沒有因為耶和華神不許他進入迦南地，摩西就「抑鬱寡歡」或是「義憤填膺」，向耶和華神發怒，或者是向耶和華神爭辯說：

當年是我摩西帶領以色列人在埃及經歷十災，驚險地帶領他們突破重圍，過紅海，帶著他們一起唱驚心動魄的「海洋之歌」(出埃及記 15 章)。又是我摩西好不容易才把百姓帶到西奈山下，帶到祢耶和華神面前，讓百姓能夠學習並領受祢的十誡和一切諸般的聖法。也是我摩西號召百姓一起「集資奉獻」，所以才把祢同在的居所「會幕」給建造出來。為了帶領祢的百姓:以色列民，我摩西屢次遭受百姓的「抱怨、爭鬧」，甚至「攻擊-殺害」，我多次冒著性命的危險，這樣帶領以色列百姓，在曠野漂流 40 年的時間，最後，才好不容易來到約旦河東，準備過河進入迦南地。

如果，摩西把以上的「一切作為」都當作是「摩西自己」的功勞和成就，那麼摩西很有可能，就會為了「自己的私慾」、「自己的利益-好處」，不交出他手中的「屬靈-領導」權柄給約書亞，然後擅自帶領以色列百姓，「硬闖」約旦河，進入迦南地。

若摩西真這樣做，按著「人意-私慾」情感的衝動，帶領以色列百姓強行過約旦河，(這樣的事情是有可能會發生的)，若真是這樣，那這會帶給以色列百姓莫大的災難。但還好，這事並未發生。

因為摩西，沒有把「自己的好處」，放在耶和華神和百姓的前面，摩西的服事，常常是「**沒有自己**」的意思，摩西的事奉是「**完全順服**」的事奉，摩西的事奉總是以「以色列全體百姓」的好處為優先，總是以大局為重。

因著摩西這樣對耶和華神「**盡忠到底**」的事奉，所以在摩西準備要「交棒-傳承」的時候，摩西也就欣然願意地「**全然交託-放手**」，一個人孤獨地，上了尼波山，結束他一生的年歲，完成神交付給他這一生的使命和工作。

摩西知道，從今以後，他再也「不會陪在」以色列百姓的身旁，不能隨時幫助他們處理和解決任何問題，不過，**耶和華神的話、神的律法**，卻「可以長存」在你們百姓的心中。

所以，在摩西最後一個月，和以色列百姓相處的日子和時間中，摩西抓緊每分每秒，**向以色列百姓「講解-闡明」**耶和華神的律法，這就是在申 33:4 的經文，以色列百姓所說的見證：

『摩西將 **律法** 傳給我們，作為雅各會眾 (繼承) 的 **產業。**』
**תּוֹרָה** צִוָּה-לָנוּ מֹשֶׁה **מוֹרָשָׁה** קְהִלַּת יַעֲקֹב

摩西的偉大，其屬靈領袖的風範，就在於: 他有「遠見」、有「前瞻性」，知道要把「神的話、神的真理」當作唯一寶貴的遺產，要百姓不斷地「傳承-傳遞」下去，使這份產業，始終是作為一份具有「活潑-生命力」的產業。

## 三、「抓住」神的應許

『**看哪**，我將 **這地** 擺在你們面前；你們 **要進去，要取得繼承** 這地，
是 **耶和華** 向你們列祖，向亞伯拉罕、向以撒、和向雅各 **起誓應許**
**要給** 他們和在他們之後的後裔』申 1:8

**רְאֵה** נָתַתִּי לִפְנֵיכֶם אֶת-הָאָרֶץ **בֹּאוּ וּרְשׁוּ** אֶת-הָאָרֶץ
אֲשֶׁר **נִשְׁבַּע יְהוָה** לַאֲבֹתֵיכֶם לְאַבְרָהָם לְיִצְחָק וּלְיַעֲקֹב
**לָתֵת** לָהֶם וּלְזַרְעָם אַחֲרֵיהֶם

在申 1:8 的經文中，有三個重要的信息：

1. **要專注看** 神應許的產業，不看眼前的環境和困難。
2. 要勇敢地 **起來，進去，得地** 為業。
3. 要 **相信**，並 **記住**，也要 **緊緊抓住** 神的應許。

**看哪 (רְאֵה)，這地(הָאָרֶץ)，**所以第一句話就是摩西要以色列百姓眼界和眼目「**要定睛**」在應許之地，

接著經文說: 你們要「**進去-取得繼承**」這地 (בֹּאוּ וּרְשׁוּ אֶת-הָאָרֶץ)，這裡「**進去**」(בֹּאוּ)，和「**取得繼承**」(רְשׁוּ) 這兩個動詞都是「命令式」，摩西的語氣是很堅定地告訴新一代的以色列百姓，要勇敢地起來，**進去，繼承這地**，得地為業。

為什麼要以勇敢、「無所畏懼地」起來得地為業，因為接下來的經文說這地乃是: 『**耶和華** 向你們列祖，向亞伯拉罕、向以撒、和向雅各 **起誓應許** 要給 他們和在他們之後的後裔。』

這裡我們看到「**起誓應許**」的動詞 (נִשְׁבַּע)，還有最重要的是「起誓應許」的發動者，是 **耶和華**自己(יְהוָה)，然後這個耶和華神「起誓應許」的內容，是神祂「**要給**」(לָתֵת) 亞伯拉罕、以撒、雅各和他們的後裔，也就是此時的以色列百姓，這塊牛奶與蜜的應許之地。

是的，以色列百姓這時準備要過約旦河，進迦南地，所以摩西在申命記的開頭和起始的地方，立刻就諄諄告誡以色列百姓:

你們眼目「**要專注**」在神所應許的地業上，然後 要「**勇敢起來**」征戰，「**進去得地**」為業，不要恐懼，不要害怕，因為耶和華神已經「**起誓-應許-要給**」你們這塊應許地，所以你們只管「**緊緊抓住**」神的應許。

如果問，為什麼摩西在申命記的開篇要提醒以色列百姓這些事情，那這問題是很簡單可以回答的，

因為以色列百姓最主要的問題就是 他們常常「小信」，對耶和華神的旨意和計畫「沒有信心」，「沒有專注」在耶和華神所應許的產業上，所以他們常常軟弱、時常跌倒，常常抱怨、經常爭鬧，以至於他們最後在曠野漂流 40 年。

所以，在接下來的演講當中，摩西很快地就又再次提到了「探子事件」給以色列百姓所造成的巨大「災難-悲劇」。申 1:19-46

我們是否也常常像以色列百姓一樣，對神「小信」，「不相信」神的計畫，或「不按照」神的心意去行？ 求神打開我們各人心眼，「提高」我們的眼界，讓我們都「可以看到」神所給我們每個人生命當中的應許之地，最重要的是，要「緊緊抓住」神的應許，並「起來征戰」。

## 四、按「公義」判斷

> 『你們聽訟，無論是弟兄彼此爭訟，是與同居的外人爭訟，
> 都要按 公義 判斷。
> 審判的時候，不可看人的外貌；聽訟不可分貴賤，不可懼怕人，
> 因為 審判 是 屬乎上帝 的。』申 1:16-17

摩西離世前，最後一個月，對新一代以色列百姓所說的<話語>和重要<事物>，這個所謂的「最後講演」，摩西在申命記第一章立即就提到「公義 」(צֶדֶק)。

公義，乃是「維繫」一個國家制度「安全」、社會秩序「穩定」，道德體系「健全」的一個最關鍵要素，所以在申命記裡面，耶和華神不斷地透過摩西，在告誡以色列百姓「公義」的首要和重要性。

將來你們這些以色列人，進到迦南地「得地為業」，一定要按照耶和華神所頒布的一切聖法、律例、典章、法度、誡命來治理、來施行，施行「公平-正義」，因為這樣你們才能「成就」以色列的特殊「呼召-使命」，那就要是作為「聖潔」的子民、「祭司」的國度，要成為「列國的光」。

因為以色列的這個「特殊使命」，乃是來自於耶和華神「起初的揀選」，祂揀選亞伯拉罕，而亞伯拉罕也「願意回應」耶華神的呼召，創世記 18:18-19：

『亞伯拉罕必要成為 強大的國；地上的萬國 都必因他得福。我 (耶和華神) 眷顧他，為要叫他吩咐他的眾子和他的眷屬 遵守我的道，秉公行義，使 我所應許亞伯拉罕的話 都成就了。』

更重要的是，當一個國家施行「公平-正義」時，才不會走向「敗壞-墮落」，甚至是「國破家亡」。就正如申 16:20 說的：

『你要 追求公義，公義，好叫你 存活，承受 耶和華—你上帝 所賜給你的地。』
צֶדֶק צֶדֶק תִּרְדֹּף־לְמַעַן תִּחְיֶה וְיָרַשְׁתָּ אֶת־הָאָרֶץ אֲשֶׁר־יְהוָה אֱלֹהֶיךָ נֹתֵן לָךְ

耶和華神之所以要求以色列百姓，要按「公義」而行，這乃是因為我們所信的神乃是一位「公義」的神，「公義」是神一個非常重要的屬性。詩篇 89:14：

『公義 和 公平(審判) 是 祢寶座的根基；慈愛和誠實行在祢前面。』

צֶדֶק וּמִשְׁפָּט מְכוֹן כִּסְאֶךָ; חֶסֶד וֶאֱמֶת יְקַדְּמוּ פָנֶיךָ

這裡我們又看到「公義」(צֶדֶק) 這個字。詩人說的很清楚，也非常具體，神「寶座-治理」的根基就是「公義-公平」。

再來看以賽亞書，當先知以賽亞預言到這位將要來的彌賽亞的時候，他也是會以「公義 - 正直」來審判和判斷，以賽亞書 11:3-5：

『他必以敬畏耶和華為樂；行審判不憑眼見，斷是非也不憑耳聞；卻要以 公義 (צֶדֶק) 審判貧窮人，以 正直 判斷世上的謙卑人，以口中的杖擊打世界，以嘴裏的氣殺戮惡人。公義 (צֶדֶק) 必當他的腰帶；信實 必當他脅下的帶子。』

最後，當彌賽亞耶穌第二次再來的時候，祂也仍然是要按著「公義」來審判萬邦列國，在啟示錄 19:11：

『我觀看，見天開了。有一匹白馬，騎在馬上的稱為 誠信真實，他審判，爭戰，都按著 公義。』

是的，神的國度乃是一個「公義」的國度，透過耶和華神「揀選」以色列的先祖: 亞伯拉罕-以撒-雅各，並和他們的後代子孫在西奈山「立約」，然後藉由摩西來教導他們耶和華神一切的「律例、典章、法度和誡命」，最後讓他們過約旦河，得地為業，目的就是要讓神「公義」的國度得以在地上「首次實現」，這原來是耶和華神的心意和計畫。

雖然後來，以色列百姓犯罪、拜偶像，被耶和華神趕散-流亡近 2000 年。但如今他們回到先祖的土地上，以色列的餘民，再次回到耶和華神所起誓應許要給他們的地業上。

按著眾先知的預言，在末後那大而可畏的日子，彌賽亞耶穌再次回來時，祂會按著父神耶和華的心意，再度回到「先祖的土地」上，在以色列地，重新「恢復-建立」一個「聖潔-公義」的世界體系，帶領全球萬邦，進入一個嶄新的彌賽亞國度。

## 五、「為你爭戰」的神

如果說申命記是一部摩西對以色列「回顧過去」、「檢討錯誤」的一本書、一份紀錄，那在這份紀錄中所記載的，肯定都是過往以色列百姓所犯下的一些非常重大的錯誤和失敗，以及一些摩西希望新一代的以色列民「必須謹記」的一些非常重要的真理和信息。

在<話語>篇這段妥拉中，一個非常重要的信息，是摩西反覆提醒並告誡這群準備要過河、進入迦南地的以色列百姓，就是： 要對耶和華神有信心，不可小信，要完全相信耶和華神是一位會護衛你們，保守你們，帶領你們，**為你們征戰** 的神。

之所以先前會發生「探子事件」，乃因為百姓「小信」，或說「不信」耶和華神，所以才導致他們在曠野漂流四十年，最後使得「出埃及那一代」的以色列百姓都倒在曠野，沒有能夠進入應許之地。

所以在申命記開篇，第一章的經文中，立刻就提到這個給以色列百姓造成「悲劇」的「探子事件」，摩西回顧當時的情景，還記得當下對百姓說的話：

『看哪，**耶和華－你的上帝已將那地 擺在你面前，你要照耶和華－你列祖的上帝 所說的 上去 得那地為業；不要懼怕，也不要驚惶。** 』申 1:21

及至十個探子回來報「惡信」，說那地的城邑又高又大又堅固，並且還看到巨人時，以色列全營都信心崩潰，摩西還是繼續告誡-提醒百姓要對耶和華神有信心，申 1:29-32：

我(摩西) 就對你們(百姓) 說：『**不要驚恐，也不要怕他們。在你們前面行的耶和華－你們的上帝 必為你們爭戰**，正如他在埃及和曠野，在你們眼前所行的一樣。你們在曠野所行的路上，也曾見耶和華－你們的上帝撫養你們，如同人撫養兒子一般，直等你們來到這地方。你們在這事上 **卻不信** 耶和華－你們的上帝。』

當摩西在向新一代的以色列民「回顧」過往的這些事件，回想過去以色列百姓的這些「失敗」，目的就是要告訴他們，要記取歷史的教訓，不要再犯同樣的錯誤，不要再走上前人走過的冤枉路。

這個「歷史的教訓」，總結來說，**就是要相信耶和華神的「帶領-保護」**，不要被眼前惡劣的環境打敗，或影響到我們對耶和華神的信心，所以摩西再說：

『(耶和華神) 祂在路上，**在你們前面行，為你們找安營的地方**；夜間在 火柱 裏，日間在 雲柱 裏，**指示** 你們 所當行的路。』申 1:33

甚至連摩西自己也自己作見證，申 2:7：

『這四十年，**耶和華－你的上帝 常與你同在**，故此 你一無所缺。』

然後在「回顧」打敗希實本王西宏，和巴珊王噩的時候，摩西又再次「告誡-提醒」這群準備要過約旦河，「前進迦南-得地為業」的百姓說：這一切都是因為**耶和華「神的護衛」**，耶和華「神的保守」，是耶和華神「與我們一同征戰」，所以我們才能得勝，申 2:32,36：

『那時，西宏和他的眾民出來攻擊我們，在雅雜與我們交戰。**耶和華－我們的上帝將他交給我們**，我們就把他和他的兒子，並他的眾民，都擊殺了。…從亞嫩谷邊的亞羅珥和谷中的城，直到基列，**耶和華－我們的上帝都交給我們了**，沒有一座城高得使我們不能攻取的。』

接著，當摩西講到與巴珊王噩交戰時，在申 3:2-3 回憶道：

耶和華對我說：『**不要怕他！因我已將他和他的眾民，並他的地，都交在你手中**；你要待他像從前待住希實本的亞摩利王西宏一樣。』於是 **耶和華－我們的上帝也將巴珊王噩和他的眾民都交在我們手中**；我們殺了他們，沒有留下一個。

摩西在申命記的開篇，向新一代的以色列人回顧這些「戰事-戰爭」，一方面是要讓這些即將過河的年輕人「警醒備戰」，讓他們知道，過約旦河，等在他們前頭的，還有一群又一群的異邦異族敵人、一場又一場的硬仗等著他們。

另方面，摩西在回顧這些「戰事-戰爭」同時也是在告訴這些年輕人，你們不要害怕、不要膽怯，**因為耶和華神會「與你們同在」**，耶和華會「為你們爭戰」，而約書亞會「剛強壯膽」，繼續帶領你們以色列百姓完成「得地為業」的最終使命和工作。

所以，<話語>篇這段妥拉，其最後結尾的<話語>和吩咐，是摩西對約書亞說的這段非常重要的提醒，在申 3:21-22：

『你 親眼看見了 耶和華－你們的上帝 向這二王 (西宏、噩) 所行的；
　　　　耶和華也必向你所要去的各國照樣行。
　　　你不要怕他們，因 那為你們爭戰的是耶和華－你們的上帝。』

עֵינֶיךָ הָרֹאֹת אֵת כָּל־אֲשֶׁר עָשָׂה יְהוָה אֱלֹהֵיכֶם לִשְׁנֵי הַמְּלָכִים הָאֵלֶּה
כֵּן־יַעֲשֶׂה יְהוָה לְכָל־הַמַּמְלָכוֹת אֲשֶׁר אַתָּה עֹבֵר שָׁמָּה
לֹא תִּירָאוּם כִּי יְהוָה אֱלֹהֵיכֶם הוּא הַנִּלְחָם לָכֶם

## 問題與討論：

1. 申命記開篇的第一段妥拉，在申 1:1 的經文中，摩西開場就先用了一種「隱晦」的方式，重提過往以色列百姓所犯的「**過錯-罪惡-失敗**」，這些「過錯-罪惡-失敗」有哪些？ 摩西為什麼要新一代的年輕人去「記住-回憶」父輩們的過錯？

2. 在第二段信息「盡忠到底」一文中提到，摩西在最後一個月和以色列百姓相處的日子和時間中，摩西抓緊每分每秒，孜孜不倦地向以色列百姓「**講解-闡明**」什麼？ 因為這個東西是要作為以色列的「**寶貴產業**」，代代相傳和繼承的。

3. 在第三段信息「**抓住神的應許**」一文中我們談到，以色列百姓常常「小信」，對耶和華神的旨意和計畫「沒有信心」，這是因為什麼樣的緣故？

4. 什麼東西是「維繫」一個民族的「存續」、國家制度「安全」、社會秩序「穩定」、道德體系「健全」的一個最關鍵的要素？ 所以在申命記裡，耶和華神不斷地透過摩西，在告誡以色列百姓「這項事務」的首要和重要性。

5. <話語>篇這段妥拉向新一代的以色列人回顧一些「**戰事-戰爭**」，最後結尾的<話語>，是摩西對約書亞說的這一段話:『你 親眼看見了 耶和華－你上帝 向這二王 (西宏、噩) 所行的；耶和華也必向你所要去的各國照樣行。你不要怕他們，因 **那為你爭戰的是耶和華－你的上帝**。申 3:21-22 』摩西說這段話的目的和用意為何？

# 申命記 No.2 妥拉

# <我懇求>篇 (**פרשת ואתחנן**)

## 本段妥拉摘要:

申命記第二段妥拉，標題<**我懇求**>，希伯來文(**וָאֶתְחַנַּן**)，從這個字的字根 (**חנן**) 來看，有一個意義相關連的名詞叫 (**חֵן**)「喜悅-恩典」，英文 favor, grace.

在聖經中有句話叫做『**在耶和華神眼前蒙恩**』(**מָצָא חֵן בְּעֵינֵי יְהוָה**)，如果直接翻譯的話就是: **在耶和華眼中「找到恩典/ 找到讓神喜悅」之處**。

在耶和華神眼中，以色列「總是被愛的」，總「能找到神的恩典-喜悅」，因為耶和華神「專愛」以色列，愛以色列「愛到底」。

正基於耶和華神與以色列這樣的「盟約之愛」，所以在這段妥拉中，有許多經文摩西都談論到耶和華神與以色列交往的「**獨特-神聖**」的民族經驗，摩西要以色列百姓「永遠記住」這樣的民族集體的「神聖經驗-記憶」，申 4:7-8, 32-34：

『哪一大國的人 **有神與他們相近**，像 耶和華－我們的上帝、在我們求告祂的時候 **與我們相近呢**？又哪一大國 **有這樣公義的律例典章**、像我今日在你們面前所陳明的 **這一切律法** 呢？』、『你且考察在你以前的世代，自上帝造人在世以來，從天這邊到天那邊，**曾有何民 聽見** 上帝在火中說話的聲音，像你聽見還能存活呢？**這樣的大事 何曾有、何曾聽見** 呢？上帝何曾從別的國中將一國的人民領出來，用 **試驗、神蹟、奇事、爭戰、大能的手**，和 **伸出來的膀臂**，並 **大可畏的事**，像耶和華－你們的上帝在埃及，在你們眼前 為你們 所行的一切事呢？』

『耶和華 **專愛你們，揀選你們**，並非因你們的人數多於別民，原來你們的人數 **在萬民中是最少的**。只因耶和華 **愛你們**，又因 **要守** 祂向你們列祖 **所起的誓**，就用 **大能的手** 領你們出來，從為奴之家救贖你們脫離埃及王法老的手。』申 7:7-8

# 申命記 No.2 妥拉 <我懇求> 篇 （פרשת ואתחנן）

經文段落:《申命記》3:23 - 7:11
先知書伴讀:《以賽亞書》40:1-26 [1]
詩篇伴讀: 90、122 篇
新約伴讀:《馬太福音》23:31-39、《馬可福音》12:28-34

## 一、 「特赦」與「開恩」

申命記第二段妥拉標題<我懇求>。經文段落從申命記 3 章 23 節到 7 章 11 節。
<我懇求>這個標題，在申 3:23：

> 『那時，**我懇求** 耶和華說： 』
> וָאֶתְחַנַּן אֶל-יְהוָה בָּעֵת הַהִוא לֵאמֹר

這段妥拉的標題: <**我懇求**> (וָאֶתְחַנַּן) 就是希伯來經文申 3:23 的第一個字，這個
字 (וָאֶתְחַנַּן) 就是申命記第二段妥拉的標題。

這段妥拉始於摩西的一個<**懇求**>，摩西<**懇求**>耶和華神能讓他進入迦南地，可
以「親眼目睹」這「約的應驗」，也就是: 耶和華神從前向以色列的先祖:亞伯拉
罕-以撒-雅各所起誓應許要賜給他們的「這塊土地」。

如今以色列百姓就準備要過約旦河，得地為業，要來按照耶和華神所頒布的聖法
來治理這地，過生活，以色列即將「實現-成就」他們在以色列地成為「祭司」
的國度、「聖潔」的子民的呼召和使命。

因此，摩西希望他也可以「親眼看見」以色列百姓，在以色列地上因著遵行耶和
華神的聖法，而彰顯出偉大的榮耀在應許之地上，成為列國的光，摩西想要「親
自見證」的榮景。

---

[1] 以賽亞書的這份先知書伴讀，按猶太曆，每年一定會在「聖殿被毀日」"之後" 的第一個安息
日誦讀。並由此開始的七個安息日直到吹角節，會有七份關於「安慰」信息的先知書伴讀
(Haftarahs of Consolation)，本段為安慰信息的第一份。

但摩西的<懇求>耶和華神沒有答應。耶和華神雖然沒有答應摩西可以讓他進入迦南地，但神對摩西的其他<懇求>，對於關乎為以色列百姓的<懇求-代求>，耶和華神是應允的。

摩西的<我懇求>，意思是說: 若我摩西不能進去迦南地，那我向耶和華神<懇求>你們以色列百姓進到迦南地以後，要好好聽我摩西的吩咐，好好繼承地業，按著神的「律例、典章」來生活。

或更進一步說摩西的<我懇求>就是: 就算我摩西已預先看見，你們以色列百姓至終會犯罪、墮落、被趕散，但<我懇求>耶和華神祢也仍然要對以色列百姓 (這位重刑犯)「特赦、開恩」。

說到這個「特赦、開恩」，就要回到這段妥拉的標題<我懇求>(אֶתְחַנַּן)，這個字它的字根 (חנן) 當動詞 (חָנַן) 時，意思就是「特赦-赦免」或「開恩-饒恕」，就是說，一個「重刑犯」本來的刑罰是「死罪」，但因著掌權統治者的「憐憫和恩典」，所以「特赦-釋放」這位大罪人，而這位大罪人其實就是「拜偶像、行邪淫、離棄」耶和華神的以色列。

再來和 (חנן) 這個字根同樣的另一個單字(חֵן)，這個名詞是「喜悅-恩典」之意，英文翻作 favor, grace.

在聖經中，有一句話叫做『在耶和華神眼前蒙恩』(מָצָא חֵן בְּעֵינֵי יְהוָה)，若直翻的話就是: 在耶和華眼中「找到恩典/ 找到讓神喜悅」之處。

這也就是說: 在耶和華神眼中，以色列「總是被愛的」，總是「能找到神的恩典-喜悅」。原因無它，只因為神「專愛」以色列，神」總是會等」以色列「迴轉」歸向祂，神愛以色列「愛到底」。

耶和華神祂是一位為以色列「激情-火熱」的上帝，所謂的「激情-火熱」的上帝，希伯來文叫 (אֵל קַנָּא)，中文和合本聖經翻作「忌邪的上帝」，這裡的 (קַנָּא) 原來的意思是「嫉妒」jealous. 所以 (אֵל קַנָּא) 更好的翻譯應該是 a jealous God. 一位會「嫉妒」的上帝，一位為以色列「激情-火熱」的上帝。

因為以色列是耶和華神的「愛妻」，在希伯來聖經中，耶和華神與以色列的關係常被比作「婚姻」關係，所以這位「守婚約」的丈夫:耶和華神，祂「不容許」別的男人碰她 (以色列)，耶和華神「不允許」地上的政治勢力和強權去「染指-踐踏」、「迫害-殺戮」以色列。

當然耶和華神也「不允許」以色列有「別的丈夫」，這當然指的就是: 以色列有別的神，去拜別的神，拜偶像，耶和華神之所以會如此，乃是因為 **祂是一位「嫉妒」的上帝**，是一位為以色列「激情-火熱」的上帝。

所以在<我懇求>這段妥拉裡，經文頻繁地出現「**嫉妒 (忌邪) 的上帝 (אֵל קַנָּא)** 」這個詞組:

『因為耶和華－你的上帝乃是烈火，是 **忌邪 (嫉妒)** 的上帝。』申 4:24
כִּי יְהוָה אֱלֹהֶיךָ אֵשׁ אֹכְלָה הוּא **אֵל קַנָּא**

『不可跪拜那些像，也不可事奉它，
因為我耶和華－你的上帝是 **忌邪 (嫉妒)** 的上帝。』申 5:9

לֹא-תִשְׁתַּחֲוֶה לָהֶם וְלֹא תָעָבְדֵם
כִּי אָנֹכִי יְהוָה אֱלֹהֶיךָ **אֵל קַנָּא**

『因為在你們中間的耶和華－你上帝是 **忌邪(嫉妒)** 的上帝。』申 6:15
כִּי **אֵל קַנָּא** יְהוָה אֱלֹהֶיךָ בְּקִרְבֶּךָ

是的，這位「以色列的聖者」(**קְדוֹשׁ יִשְׂרָאֵל**)，以色列的救贖者，「**亞伯拉罕-以撒-雅各**」的神 (**אֱלֹהֵי אַבְרָהָם יִצְחָק וְיַעֲקֹב**)，這位「希伯來的上帝」(**אֱלֹהֵי הָעִבְרִים**): 耶和華神，祂是一位為以色列「激情-火熱」的上帝，一位會為以色列「嫉妒」的上帝。

二、 有智慧-有聰明

『以色列人哪，現在我所教訓你們的 **律例典章**，你們 **要聽從遵行**，好叫你們 **存活**，得以 **進入** 耶和華－你們列祖之上帝所賜給你們的地，**承受為業**。所吩咐你們的話，你們不可加添，也不可刪減，好叫你們 **遵守** 我所吩咐的，就是 **耶和華－你們上帝的命令**。』申 4:1-2

在摩西在世「最後一個月」，若說要總結摩西「最後演講」的重點，那很簡單，就一句話: 要「聽從遵行」耶和華神的吩咐和命令。

為什麼要聽從神的話，遵行耶和華神所頒布的一切聖法，因為：

『這就是 你們 在 萬民眼前 的 智慧、聰明。
他們聽見 這一切律例，
必說：『這大國的人真是 有智慧，有聰明！』申 4:6

כִּי הִוא חָכְמַתְכֶם וּבִינַתְכֶם לְעֵינֵי הָעַמִּים
אֲשֶׁר יִשְׁמְעוּן אֵת כָּל-הַחֻקִּים הָאֵלֶּה
וְאָמְרוּ רַק עַם-חָכָם וְנָבוֹן הַגּוֹי הַגָּדוֹל הַזֶּה

摩西教誨以色列百姓說：你們是有何等大的榮耀和尊榮，可以「直接得到」，「直接領受」到耶和華神「第一手」的啟示和教導，這是多麼大的殊榮。

這位創造天地宇宙萬物的主宰耶和華神，將許多「神聖-聖潔」的聖法、律例、典章、誡命、訓詞、奧秘都向你們以色列百姓顯明，就是為了要使你們「在萬民眼前」有神啟示來的「智慧、聰明」，使以色列得以向萬邦列國「見證」神的偉大、榮耀，見證耶和華神的「真實存在」，見證耶和華神在以色列這個「弱小」的民族上，所施行的「偉大」奇妙事。

所以，接著摩西告誡這群新一代的以色列百姓說：
『哪一大國的人 有神與他們相近，像 耶和華－我們的上帝、在我們求告他的時候 與我們相近 呢？又哪一大國 這樣公義的律例典章、像我今日在你們面前 所陳明的這一切律法 呢？』申 4:7-8

既然，耶和華神所頒布的這一切聖法、律例、典章、誡命是要使以色列百姓在萬民眼前「有智慧、有聰明」，是要見證耶和華神的「存在」，和神在以色列身上所作的一切「偉大奧秘」事，也就是：以色列的一個特殊的「呼召-使命」作為「列國的光」得以世世代代的「被延續」下去，這份呼召得以「被持守」，那麼，神話語的「教導-傳承」就是一件非常非常重要的事，因此，摩西在申 4:9-10 繼續說道：

『你只要謹慎，殷勤保守你的心靈，免得忘記 你 親眼所看見 的事，又 免得 你一生、這事 離開 你的心；總要傳給你的子子孫孫。你在何烈山站在耶和華－你上帝面前的那日，耶和華對我說：『你為我招聚百姓，我要叫他們 聽見我的話，使他們 存活在世 的日子，可以學習 敬畏我，又可以 教訓兒女 這樣行。』

是的，信仰的「傳承」，神話語的「世代傳遞」的確是以色列這個民族特別看重的事，所以他們有「書本的民族」(The People of The Book) (עַם הַסֵּפֶר) 的稱號，這裡的「書本」(The Book) 對猶太人來說，指的當然是希伯來聖經，或者更具體地來說，就是摩西五經/妥拉。

因為在摩西五經/妥拉裡面，有許許多多耶和華神「第一手」的啟示，耶和華神以「第一人稱」說的話，有耶和華神所「親自頒布」的一切聖法、律例、典章、訓詞、訓悔、法度、誡命……等等。

為了要讓神的這一切真理和法則，得以「繼續延續」下去，那麼世世代代的「教導與傳承」絕對是必要的，這也就可以解釋為什麼猶太人這麼看重「書本和教育」的原因。

最後，我們用這段妥拉當中，申 7:6 的經文來作一個小結：

『因為 你歸耶和華－你上帝為聖潔的民；
耶和華－你上帝 從地上的萬民中 揀選你，特作自己的子民 (寶貴的產業)。』

כִּי עַם קָדוֹשׁ אַתָּה לַיהוָה אֱלֹהֶיךָ
בְּךָ בָּחַר יְהוָה אֱלֹהֶיךָ לִהְיוֹת לוֹ לְעַם סְגֻלָּה מִכֹּל הָעַמִּים אֲשֶׁר עַל-פְּנֵי הָאֲדָמָה

## 三、 「趕散」與「回歸」

『你們在那地住久了，生子生孫，就雕刻偶像，彷彿甚麼形像，敗壞自己，
行耶和華－你上帝眼中看為惡的事，惹他發怒。
我今日呼天喚地向你們作見證，
你們必在過約旦河得為業的地上 速速滅盡！
你們 不能在那地上長久，必 盡行除滅。』申 4:25-26

上面的經文讓我們很訝異，摩西竟然已經向這群準備要過約旦河，前進迦南，「得地為業」的以色列百姓「提前預告」：他們將會在迦南地「墮落-敗壞」，行耶和華眼中看為「惡」的事情。

摩西甚至還說得更遠，已經「預言」，因著以色列人在「應許之地」迦南地的犯罪和淫亂，會遭受耶和華神的懲罰，以色列人將會被「趕散」到列國中，這也就正如我們在歷史中已經看到的，猶太人自從被羅馬帝國摧毀第二聖殿，佔領並夷平耶路撒冷後，猶太人就「散居」到世界各地，將近 2000 年。

> 『耶和華必使你們 分散 在萬民中；
> 在他所領你們到的萬國裏，你們剩下的人數 稀少。』申 4:27

關於以色列會被「趕散流亡」的刑罰，其實早在利未記 26 章就已有記載：

> 『我要把你們 散在列邦 中；我也要拔刀追趕你們。
> 你們的地要成為荒場；你們的城邑要變為荒涼。』利未記 26:33

接著利未記 26:44-45 繼續說道：
『雖是這樣，他們在仇敵之地，**我卻不厭棄他們，也不厭惡他們，將他們盡行滅絕**，也 **不背棄** 我與他們 所立的約，因為 我是耶和華－他們 (以色列) 的上帝。我卻要為他們的緣故 記念 我與他們先祖 所立的約。他們的先祖，是我 在列邦人眼前、從埃及地 領出來的，為要 作他們 (以色列) 的上帝。我是耶和華。』

是的，耶和華神之所以會降下這麼重的懲罰，把以色列趕散到列國，使他們遭遇禍患，經歷迫害、殺戮，重點不是要「滅絕」以色列人，耶和華神使以色列被趕散，乃是要「管教」他們，使他們的心再次「回轉」歸向神。

所以，摩西接著繼續在申 4:29-30 這段經文說：

> 『但你們在那裏 (所趕散到的列國) **必尋求** 耶和華－你的上帝。
> 你盡心盡性尋求祂的時候，**就必尋見**。
> 日後你遭遇一切患難的時候，
> 你 **必歸回** 耶和華－你的上帝，**聽從** 祂的話。』

這裡，摩西等於是在預告，或說又作了一個「更深遠的預言」，就是：以色列雖然進入迦南地以後，會犯罪敗壞，然後被耶和華神「趕散」到列國，可是，至終，**以色列人、猶太人會再次「回到」耶和華神的面前，以色列的餘民會再次「回歸」耶和華神向先祖所起誓應許的土地上。**[2]

這也就是利未記 26:42 所說的：

---

[2] 關於以色列的「回歸」，同參《奧秘之鑰-解鎖妥拉:利未記》No.9 妥拉<在西奈山>篇之第五段「禧年的終末論」。

『**我就要記念** 我與雅各 所立的 約，
與以撒 所立的 約，
與亞伯拉罕 所立的 約，
並要 **記念這地** (向先祖起誓應許要賜給他們的迦南地)。』

耶和華神之所會「記念」祂自己與以色列先祖「所立的約」，之所以會「記念這地」，記念這塊曾經向先祖「起誓應」要賜給他們的迦南地，這乃是因為我們所信仰的耶和華神，祂是一位「**信實-守約**」的上帝。

筆者在利未記的第十段妥拉<在我的律例>篇中的第五段信息「守約的神」，已有詳細的論述耶和華神的「**立約-守約**」的屬性，也論述過，以色列「被趕散」到列國中的「服行期滿」，就會再次「回歸」到先祖之地的信息。

是的，摩西在申命記第四章，在第二段妥拉<**我懇求**>篇的經文中，就已把以色列將來所要遭遇的重大事情，**都預言「到底」**了。最後，在申 4:31 摩西再次提醒也告誡這群準備要過約旦河的以色列百姓，說：

『耶和華－你上帝 原是 **有憐憫**的 上帝；
**祂總不撇下你，不滅絕你，**
**也不忘記 祂起誓 與你列祖 所立的約。**』

## 四、「獨行奇事」的神

在<**我懇求**>篇這段妥拉中，摩西提醒-囑咐以色列百姓，要他們清楚地意識到，以色列這個民族的「**獨特性**」和「**特殊性**」，以色列的獨一性正好就在於，這位創造天地宇宙萬物的主: 耶和華神，在以色列這個民族上，所做的一切「**偉大-榮耀**」的事蹟，這樣的事情沒有在其他別的民族身上發生過，「唯獨發生」在以色列民身上。

唯獨以色列人「親身經歷」過西奈山的「神聖臨在」極端天啟的「特殊經驗」，他們「親耳聽到」造物主耶和華神說話的聲音、號角聲、「親眼看到」密雲、閃電、烈火，以色列人在西奈山「親自」與耶和華神「相互照面」，

這樣的場景，就是出埃及記 19:16-18 這段經文所描繪的：

『在山上有 雷轟、閃電，和 密雲，並且 角聲甚大，營中的百姓盡都發顫。…西奈 全山冒煙，因為 耶和華 在火中 降於山上。山的煙氣上騰，如燒窯一般，遍山大大地震動。』

因為以色列有這樣非常獨特，「第一手」經歷耶和華神的「神聖」經驗，所以來到申命記，摩西告訴這一群新一代的以色列百姓，說：

『你且考察在你以前的世代，自上帝造人在世以來，從天這邊到天那邊，曾有何民 聽見上帝在火中說話的聲音，像你聽見 還能存活呢？這樣的大事 何曾有、何曾聽見呢？』申 4:32-33

『上帝何曾從別的國中將一國的人民 領出來，用 試驗、神蹟、奇事、爭戰、大能的手，和 伸出來的膀臂，並 大可畏的事，像耶和華－你們的上帝 在埃及，在你們眼前 為你們 所行的一切事呢？』申 4:34

申 4:34 這節經文，經文為了要「特意強調」耶和華神將以色列百姓「領出來」，使他們「出埃及」所能夠發生的一切「榮耀作為」，經文依序提到了：試驗(מַסֹּת)、神蹟(אֹתֹת)、奇事(מוֹפְתִים)、爭戰(מִלְחָמָה)、大能的手(יָד חֲזָקָה)，伸出來的膀臂(זְרוֹעַ נְטוּיָה)，並 大可畏的事(מוֹרָאִים גְּדֹלִים)。

這些上面提到的「試驗、神蹟、奇事、爭戰……」等等的事蹟，都是耶和華神「大能救贖」的作為，也就是「出埃及」的事件，其所產生出第一個「耶和華的節期」，就是這個「戰勝邪惡、靈命重生」的偉大的「逾越節」。

逾越節 的設立就是要來記念耶和華神在以色列身上施展「大能救贖」的偉大作為，所以每當以色列百姓在過「逾越節」這個「耶和華的節期」時，他們同時也是在「見證」著這位「獨行奇事」的神:耶和華神，祂在以色列百姓身上所作的一切「奇妙偉大」之工。

正如筆者在利未記第八段妥拉<訴說>篇的第一段文本信息 「作見證的節期」所已詳述過的，「耶和華節期」的設立，就是要來向列邦萬國來訴說並且「見證」，耶和華神與以色列所立的「永恆盟約」，及耶和華神從古至今，以至末後，祂在以色列身上所施行一切「奇妙-偉大-榮耀」的「神聖-救贖」之工。

所以，很有意思的是，耶和華神的三大節期：逾越節、七七節、住棚節，其實，都是以「出埃及」這個偉大的、史詩般的歷史事件為核心，因為「出埃及」這個

事件，或者說出埃及記這卷書，它文本的其中一個最重要的訊息就是：

第一、它告訴世人，也向人來證明，「希伯來人的上帝」:耶和華神乃是獨一真神，是創造天地宇宙萬物的那一位。第二要來證明的信息是: 耶和華神是一位與以色列先祖「立約」的上帝，所以當以色列遭難時，耶和華神會「記念」祂「所立的約」，耶和華神「會介入」到類歷史中「全力搶救」以色列，因為耶和華神是一位「守約」的上帝。

以上所說的，就是摩西要告誡這群準備要過河，進入迦南地的新一代以色列百姓的一個非常重要的信息，這個信息就是：

你們以色列人千萬不要忘記，你們所信的這位上帝:耶和華神，**祂是一位「獨行奇事」**的上帝，而且祂也已經 在你們身上施展許多「奇妙作為」和「神蹟奇事」，你們這些百姓和你們後代子孫，要世世代代來為這些事「作見證」。

最後，以申 4:35 來做一個小結：

> 『這 (偉大神蹟) 是 **顯給你看**，要使你知道，
> 惟有耶和華－祂是上帝，除祂以外，再無別神。』

אַתָּה הָרְאֵתָ לָדַעַת
כִּי יְהוָה הוּא הָאֱלֹהִים אֵין עוֹד מִלְבַדּוֹ

## 五、聽啊，以色列

『**聽啊，以色列！耶和華－我們上帝是獨一的主**。你要 盡心、盡性、盡力愛耶和華－你的上帝。我今日所吩咐你的話都要記在心上，也要殷勤教訓你的兒女。無論你坐在家裏，行在路上，躺下，起來，都要談論。也要繫在手上為記號，戴在額上為經文；又要寫在你房屋的門框上，並你的城門上。』申 6:4-9

這段經文，就是猶太人在早、晚都會背誦的一個禱詞叫做 Shema.(שמע) 中文翻作「聽命誦」， Shema.(שְׁמַע) 這個字就是申 6:4 的第一個單字，是一個命令式的動詞:「聽啊！」的意思。

這段經文對以色列，以至於對當代的猶太人來說都是首先重要的。

在猶太人家家戶戶門口會放的「門柱經卷」(מְזוּזָה)，以及猶太人禱告的時候會在手臂以及額頭上放置的「經文匣」(תְּפִילִין) ，在這兩樣東西裡面，都會塞著經文紙條，這個經文紙條寫的其中一個段落內容就是申 6:4-9。

這段經文之所以會這麼重要，乃是因為這裡提到了「**最大的誡命**」，就是：**盡心、盡性、盡力愛耶和華－你的上帝**。

這就讓我們想到，當法利賽人問耶穌何為「最大的誡命」的時候，耶穌也是用「聽命誦」一開始申 6:4 的經文來回答的。馬太福音 22:36-40：

『夫子，律法上的誡命，哪一條是最大的呢？耶穌對他說：「你要 **盡心、盡性、盡意愛主－你的上帝 (耶和華神)**。這是誡命中的第一，且是最大的。其次也相倣，就是要 **愛人如己**。這兩條誡命是律法 (妥拉) 和 先知 一切道理的 總綱。』

除了愛上帝、竭力追求神以外，申 6:4-9 這段經文還提到一個重點，就是要用神的話「**殷勤教訓**」自己的兒女，因為「家庭」就是最首要的「牧養」場所，作父母親的要「教養」孩童，使神的話「**刺進-刻進**」他們的心版上，讓孩童「牢記」神的話。

在申 6:7 的經文中『**殷勤教訓 (וְשִׁנַּנְתָּם)** 你的兒女…』殷勤教訓 這個動詞字跟 (שנן)，和牙齒(שֵׁן)有關連，意思就是「使..磨的更銳利」，英文 sharpen，所以「**殷勤教訓**」用更形象化地翻譯來說就是，父母把神的誡命「**磨的銳利**」，使神的話能「**刺進-刻進**」孩童的心中，一輩子記得。

再回到申 6:4 的經文：

『聽啊，以色列！耶和華－我們上帝是獨一的主。』

שְׁמַע יִשְׂרָאֵל: יְהוָה אֱלֹהֵינוּ, יְהוָה אֶחָד

在申 6:4 的希伯來文當中，幾乎所有抄本，都會把第一個單字「聽啊」(שמע) 的最後一個字母(ע) 寫的比較大一點，然後也會把最後一個單字「獨一、一」這個字(אחד) 的最後一個字母 (ד) 寫得比其他字母來的大一點。

昔日抄寫五經的文士們之所以會把這兩個字母 (ע) ayin.和 (ד) dalet. 寫的比較大，那是因為，把這兩個字母「合寫」在一起就會成為另一個新的單字 (עד) 這個字就是「見證者」，或「見證」的意思，英文就是 witness.

因此，這兩個被放大的字母 (ד-ע) 用意是在提醒世世代代的以色列百姓、猶太人，你們要為: 耶和華神是你們「以色列」「獨一的真神」這件事情，來向萬邦列國來「作見證」。

「見證」耶和華神在你們這個..人數「極其微小」的以色列民身上，所做的「偉大奇妙」的事情。

我們知道猶太人占全球人口比例大約不到 0.5%，但他們得到諾貝爾獎的比例佔全世界總人口至少達到 20%。

以色列這個「弱不禁風」的小國，在歷史上被許多大帝國侵略、占領，從埃及、亞述、巴比倫、波斯、希臘化帝國、到羅馬帝國、鄂圖曼土耳其帝國、再到上個世紀的大英帝國。

猶太人趕散流亡將近 2000 年，但這些在歷史上榜上有名，橫跨歐-亞-非三洲的大帝國都走入歷史的長廊，灰飛煙滅，不復存在，唯有這個古老的以色列，竟然在 20 世紀「再次復國」，上演人類歷史上絕無僅有的「民族重生」奇蹟。申 7:7-9:

『耶和華 專愛你們，揀選你們，並非因你們的人數多於別民，原來你們的人數 在萬民中是最少的。只因 耶和華 愛你們，又因 要守 祂向你們列祖 所起的誓，就用 大能的手 領你們出來，從為奴之家 救贖你們 脫離埃及王法老的手。所以，你要知道 耶和華－你的上帝，祂是上帝，是 信實 的上帝；向 愛祂、守祂誡命的人 守約，施慈愛，直到千代。』

最後，<我懇求>這段妥拉，結束在申 7:11:

『所以，你要 謹守護衛 這誡命、律例、典章，
是我今日所吩咐你 要去行的。』

וְשָׁמַרְתָּ אֶת-הַמִּצְוָה וְאֶת-הַחֻקִּים וְאֶת-הַמִּשְׁפָּטִים
אֲשֶׁר אָנֹכִי מְצַוְּךָ הַיּוֹם לַעֲשׂוֹתָם

## 問題與討論：

1. 本段妥拉標題<我懇求>(אֶתְחַנַּן)，在這個標題-這個希伯來文動詞裡面有一個字根，「這個字根」是什麼意思？它說明耶和華神會怎麼樣對待以色列？ 也描述出耶和華神是一位具備什麼屬性的上帝。

2. 根據經文，以色列到底在哪一點上，是可以讓萬國人、在萬國人的眼前，稱之為是一個「**有智慧、有聰明**」的國族？

3. 在<我懇求>篇這段妥拉中，哪個段落的經文，其實「早已經預言」以色列將來過約旦河，得地為業後會 **做惡、敗壞、速速滅淨**，受耶和華神的 **趕散**，但最後會再度 **歸回** 耶和華神？ 再者，「這樣的預言」已經出現在利未記的哪個經文段落中？

4. 在第四段信息「**獨行奇事的神**」一文中談到，摩西提醒、囑咐以色列百姓，要他們清楚地意識到，以色列這個民族的「**獨特性**」和「**特殊性**」，請問這個以色列在萬邦列國中的「**獨特性**」指的是什麼 ？

5. 申 6:4-9 這段經文，就是猶太人在早、晚都會背誦的一個禱詞叫做 Shema.(שמע) 中文翻作「**聽命誦**」， 這段經文為何重要？ 另外，耶穌在哪裡、在什麼場合中曾引述這段經文？

# 申命記 No.3 妥拉

# <如果>篇（פרשת עקב）

**本段妥拉摘要:**

申命記第三段妥拉，標題<如果>，希伯來文(**עֵקֶב**)，這個字的字根當名詞(**עֵקֶב**)為「**腳跟**」的意思，當人在「行路-走路」時，其實最脆弱，也是最需要保護的地方，就是「腳跟」。

因此，這段妥拉的標題<如果>篇，若從「**腳跟**」的字根涵義去理解，那意義就非常重大了，因為摩西正是透過這個字「**腳跟**」去提醒-告誡即將過河，前進迦南，得地為業的以色列百姓: 你們要「**盡心保護**」你們的「**腳跟**」，免受魔鬼撒旦和敵人的攻擊，而這個「保護腳跟-走上正道」的唯一方式，就是要「**聽**」神的話，要「**謹守遵行**」耶和華神一切的「律例-典章-法度」。因此，這段妥拉開頭的第一節經文就這樣說道:

『你們 <如果> 聽從 這些典章，謹守遵行，耶和華－你上帝就必照他向你列祖所起的誓 守約，施慈愛。』申 7:12

在<如果>篇這段妥拉中，經常提到，要「謹守遵行」耶和華神的律例、典章、誡命。因為謹守神的律法，會使你們「得福-得勝」，正如這段妥拉 最後結尾所宣告的:

『你們若 **留意謹守遵行** 我所吩咐這 **一切的誡命**，愛耶和華－你們的上帝，**行祂的道**，專靠祂，祂必從你們面前趕出這一切國民，就是比你們更大更強的國民，你們也要得他們的地。凡你們腳掌所踏之地都必歸你們...必無一人能在你們面前站立得住；耶和華－你們的上帝必照祂所說的，使懼怕驚恐臨到你們所踏之地的居民。』申 11:22-25

## 申命記 No.3 妥拉 <如果> 篇（פרשת עקב）

經文段落:《申命記》7:12 - 11:25
先知書伴讀:《以賽亞書》49:14 - 51:3 [1]
詩篇伴讀: 75 篇
新約伴讀:《馬太福音》4:1-11、《希伯來書》11:8-13、《羅馬書》8:31-39

## 一、 順服就蒙福

申命記第三段妥拉標題<如果>。經文段落從申命記 7 章 12 節到 11 章 25 節。
<如果>這個標題，在申 7:12:

> 『你們 如果 聽從這些典章，
> 謹守遵行，
> 耶和華－你上帝就必照祂向你列祖所起的誓守約，施慈愛。』

> וְהָיָה עֵקֶב תִּשְׁמְעוּן אֵת הַמִּשְׁפָּטִים הָאֵלֶּה,
> וּשְׁמַרְתֶּם וַעֲשִׂיתֶם אֹתָם
> וְשָׁמַר יְהוָה אֱלֹהֶיךָ לְךָ אֶת-הַבְּרִית וְאֶת-הַחֶסֶד אֲשֶׁר נִשְׁבַּע לַאֲבֹתֶיךָ

這段妥拉的標題: <如果> (עֵקֶב) 就是希伯來經文申 7:12 的第二個字，這個字
(עֵקֶב) 就是申命記第三段妥拉的標題。

(עֵקֶב) 的字根當名詞 (עֵקֶב) 是「**腳跟**」，當動詞(עָקַב) 則是「**緊緊跟隨**」或「**尾隨在後**」的意思。

若是按「**腳跟**」和「**緊緊跟隨**」的字根含意去理解這段妥拉的標題，那麼 7:12
的經文，摩西其實是用一種很形象化的表達方式，在告誡以色列百姓，你們的「**腳跟**」務要踏上這一條「**緊緊跟隨**」耶和華神的道路，就是「**聽從**」這些典章，「**謹守遵行**」耶和華神話語的這條正路。

---

[1] 按猶太曆及猶太人妥拉讀經進度，在聖殿被毀日到吹角節中間的「七個」安息日，會有七份帶有「安慰」信息的先知書伴讀經文，本段妥拉的先知書伴讀: 以賽亞書 49:14 - 51:3 為第二份「安慰」信息。

為什麼要走上這條路？ 因為這條「順服-跟隨」神的路，是一條「蒙福-豐盛」的道路。

所以，接下來，申 7:13-14 摩西這樣說到：

『祂 (耶和華神) 必愛你，賜福與你，使你人數 增多，也必在祂向你列祖起誓應許給你的地上 賜福 與你身 所生的，地所產的，並你的 五穀、新酒，和 油，以及 牛犢、羊羔。』

在<如果>篇這整段妥拉中，有許多經文，都把「謹守遵行」神的「律例-典章-誡命」直接關聯到「豐盛-得福」，底下就來看幾處經文：

『我今日所吩咐的 一切誡命，你們要 謹守遵行，好叫你們 存活，人數 增多，且 進去得 耶和華向你們列祖起誓應許的那地。』申 8:1

『以色列啊，現在耶和華－你上帝向你所要的是甚麼呢？只要你 敬畏 耶和華－你的上帝，遵行祂的道，愛祂，盡心盡性事奉祂，遵守祂的誡命律例，就是我今日所吩咐你的，為要 叫你 得福。』申 10:12-13

『所以，你們 要守 我今日所吩咐的 一切誡命，使你們 膽壯，能以進去，得 你們所要得的 那地，』申 11:8

總結上面讀的這些經文，摩西就是在告訴這群即將過河，準備要「得地為業」的以色列人說: 你們一定要「謹守遵行」耶和華神所吩咐的「一切話」，祂的「誡命-律例」，因為這些耶和華神所向你們啟示、頒布的一切聖法、典章，就是你們「得福的來源」。

神是我們「得福的來源」這道理很容易明白，因為耶和華神就是那位「創造」天地「宇宙萬物」的主，一切都是祂造的，一切都是祂所有的，正如這段妥拉，申 10:14 所說：

『看哪，天和天上的天，地和地上所有的，
都屬耶和華－你的上帝。』

所以耶和華神當然可以 在天上「運籌帷幄」,「調度資源」,甚至還能「無中生有」。

因此，按照神所定規的「律例-誡命」來生活，一方面是種「保護」，二方面也是要來使我們「得福」，和經歷「豐盛」。

是的，這位創造天地宇宙萬物的主，耶和華神祂是一位充滿「慈愛」的神，祂「愛」祂所創造的人，祂何嘗不把「最好的」賞賜給我們？

正如同祂向以色列人所「已經施行」，和「所表明的」愛，這樣的愛，也同樣會臨到我們這些「信靠」耶穌、和「遵行」耶和華神妥拉/誡命的外邦人當中。

『耶和華但 **喜悅** 你的列祖，**愛他們**，
從萬民中 **揀選** 他們的 **後裔**，就是你們，**像今日一樣**。』申 10:15

# 二、「記住」神大能

摩西帶領以色列百姓在曠野漂流 40 年，現在來到約旦河東，在回顧整個<在曠野>漂流的歷史和心路歷程，發現到，其實以色列人最大，也是最關鍵的問題，就是對耶和華神「信心不足」，小信，甚至「沒有信心」，以至「沒有勇氣」去面對前方道路的「困難-挑戰」。

筆者在申命記第一段妥拉<話語>篇的第五段信息「為你爭戰的神」，和第二段妥拉<我懇求>篇的第四段信息「獨行奇事的神」都已分享過，就是: 摩西不斷告誡以色列人，要相信耶和華神是那位「**為你們爭戰**」的上帝，是「**護衛-保守**」你們的神，而且祂也已在你們以色列人的身上用「實際的作為」，用許多「神蹟、奇事」來證明祂是一位「**獨行奇事**」的上帝。

說到這裡，就讓我們想到詩篇 121:

1 我要向山舉目；我的幫助從何而來？
2 我的幫助從造天地的耶和華而來。
3 他必不叫你的腳搖動；保護你的必不打盹！
4 **保護 以色列 的，也不打盹 也不睡覺**。

正如詩人所親自見證的，「**保護-以色列**」的，也不打盹也不睡覺。

來到申命記第三段妥拉<如果>篇，摩西仍然繼續提醒和告誡以色列百姓，「不要忘記」耶和華神過去在你們以色列身上所施行的一切「神蹟奇事」、要「時常記住」神的大能和權柄，特別是在此時此刻，以色列百姓準備要過約旦河，前進迦南，得地為業之際，要繼續面對前方迦南地各個「異邦異族」，和即將面對的一場又一場的「戰事」的時候：

『你若心裏說，這些國的民比我更多，我怎能趕出他們呢？**你不要懼怕他們，要牢牢記念耶和華－你上帝** 向 法老和埃及全地 所行的事，就是你親眼所看見的 **大試驗、神蹟、奇事**，和 **大能的手**，並 **伸出來的膀臂**，都是耶和華－你上帝領你出來所用的。耶和華－你上帝 必照樣待 你所懼怕的一切人民。』申 7:17-19

摩西斬釘截鐵地告訴以色列百姓說: 耶和華神乃是「活神」，祂是 **Living God**. 希伯來文就是**(אֵל חַי וְקַיָּם)** 是「永遠活著」，而且「實際存在」的上帝，耶和華神是那位「從前作事」，「直到如今」也「同樣作事」的創造主。

接著，在申 7:21，摩西繼續信心喊話，說：

『你 不要 因他們 驚恐，
因為耶和華－你上帝 在你們中間 是 大而可畏的上帝。』

**לֹא תַעֲרֹץ מִפְּנֵיהֶם**
כִּי-יְהוָה אֱלֹהֶיךָ בְּקִרְבֶּךָ **אֵל גָּדוֹל וְנוֹרָא**

只要「記住」神大能，不看眼前環境的困難和自己的軟弱，那麼這位「大而可畏的上帝」就會與我們「一同爭戰」，叫我們得勝，並且「得勝有餘」，就正如摩西最後對這群準備渡河，前進迦南，「繼續征戰」的以色列人說的話：

『耶和華－你上帝 **必將他們交給你**，大大地擾亂他們，**直到他們滅絕了**；又要將他們的君王交在你手中，你就使他們的名從天下消滅。**必無一人能在你面前站立得住，直到 你將他們滅絕** 了。』申 7:23-24

# 三、「豐盛」與「感恩」

『因為耶和華－你上帝領你進入美地，那地有河，有泉，有源，從山谷中流出水來。那地有 小麥、大麥、葡萄樹、無花果樹、石榴樹、橄欖樹，和 蜜。你在 那地不缺食物，一無所缺。』申 8:7-9

在上面這段經文中，摩西向這群準備過約旦河進入迦南地的以色列百姓，描繪一幅「物產豐饒」的景象和畫面，這也是整本五經(妥拉)首次提到聖地「七種作物」或稱為「七品種」，英文叫 Seven Species. 希伯來文(שִׁבְעַת הַמִּינִים)。

這個著名的「聖地七品種」，就是申命記 8:8 依序讀到的：

第一、「小麥 (חִטָּה)」、
第二、「大麥 (שְׂעֹרָה)」、
第三、「葡萄樹 (גֶּפֶן)」、
第四、「無花果樹 (תְּאֵנָה)」、
第五、「石榴樹 (רִמּוֹן)」、
第六、「橄欖油 (זֵית שֶׁמֶן)」
第七、「蜜 (דְּבַשׁ)」，這個蜜其實指的就是今天在以色列地盛產的「椰棗(תָּמָר)」。

摩西告訴這些新一代的以色列人，這個盛產七種作物的迦南地，這塊肥美的「流奶與蜜」的應許地，就是你們要進去繼承的地業。

想像一下，如果你是當時百姓的其中一員，聽到摩西說出關於迦南地有這樣「豐富」的物產，你肯定會感到非常興奮和激動，因為在過去這些年間，都在這又大又難的「曠野」，這乾旱疲乏無水之處漂流，只吃著淡薄的嗎哪，但如今，準備就要「脫離」曠野的生活，進入迦南地，可以在土地上耕種，吃著迦南地這美好的食物。

所以，當摩西說出迦南地的這美好的七種作物時，百姓肯定是高興，期待著要趕快過約旦河，進入這寬闊美好的應許之地。

但在摩西說完這七種作物後，接著立刻提醒並告誡以色列百姓，你們之所以能得這地為業，**其實並不在乎你們，乃是在乎那位，將那美地賜給你們的耶和華神**，這點，你們百姓千萬不能忘記，申 8:10：

『你吃得飽足，**就要 稱頌耶和華－你的上帝**，
因祂 將那美地 賜給你了。』

摩西非常了解這群「硬著頸項」的百姓，也「洞悉人性」，摩西知道以色列百姓在迦南地「生活富裕」之後，就會「忘記神」，會心高氣傲，「偏行己路」。

所以，接下來，在申命記 8:10-14，摩西繼續告誡以色列百姓說：

『你要 **謹慎，免得忘記** 耶和華－你的上帝，**不守** 祂的 **誡命、典章、律例**，就是我今日所吩咐你的；恐怕你 **吃得飽足**，建造美好的房屋居住，你的牛羊加多，你的金銀增添，並 **你所有的全都加增**，你就 **心高氣傲，忘記 耶和華－你的上帝**，就是 **將你從埃及地為奴之家領出來的，**』

摩西其實知道，也已經預告，以色列百姓將來在迦南地會「墮落、敗壞」的事，因為在上段妥拉<我懇求>篇，申命記第 4 章摩西早已預言以色列人會因為在迦南地上犯罪，而惹動耶和華神的怒氣，因而被趕散到列國中。

雖然如此，摩西仍是苦口婆心，諄諄訓誨地告訴以色列人，不要「自高自傲」，因為當人富裕以後，很容易就會「自我膨脹」。

『恐怕你心裏說：這貨財是我力量、我能力得來的。
你要記念耶和華－你的上帝，
因為 **得貨財的力量** 是 祂給你的，
**為要堅定** 祂向你列祖 **起誓所立的約**，像今日一樣。』申 8:17-18

是的，當我們「豐盛」的時候，仍然要記得向 **賞賜給我們的主**「感恩」，當我們「富足」的時候，仍然「**遵行**」神的道，不偏行己路。

最後，以申 8:6 來作一個小結：

『你要謹守耶和華－你上帝的誡命，遵行祂的道，敬畏祂。』
וְשָׁמַרְתָּ אֶת-מִצְוֹת יְהֹוָה אֱלֹהֶיךָ לָלֶכֶת בִּדְרָכָיו וּלְיִרְאָה אֹתוֹ

## 四、 以色列的「不義」

『你進去得他們的地，**並不是 因你的義**，也不是因 你心裏正直，乃是因這些國民的惡，耶和華－你的上帝將他們從你面前趕出去，又因耶和華要堅定祂向你列祖亞伯拉罕、以撒、雅各起誓所應許的話。你當知道，耶和華－你上帝將這美地賜你為業，**並不是 因你的義；你本是 硬著頸項的百姓。**』申 9:5-6

接下來的經文，摩西就開始鉅細靡遺，長篇大論回顧以色列百姓在曠野中所犯的最嚴重的一個錯誤，這個過錯大大地惹動耶和華神的怒氣，其實本來是一項「死罪」，這個「死罪」就是「造金牛犢」拜偶像的罪。

『你當 **記念不忘**，你在曠野怎樣 **惹耶和華－你上帝 發怒**。自從你出了埃及地的那日，直到你們來到這地方，你們 **時常悖逆耶和華**。你們在何烈山 **又惹耶和華發怒；祂惱怒你們，要滅絕你們。**』申 9:7-8

申 9:13-14 摩西繼續回憶：
『耶和華又對我說：我看這百姓是 **硬著頸項的百姓**。你且由著我，**我要滅絕他們**，將他們的名 **從天下塗抹**，使你的後裔比他們成為更大更強的國。』

後來，因著摩西來到耶和華神面前的「代求-求情」，耶和華神沒有滅絕以色列百姓，所以，摩西繼續跟這些新一代的以色列人來訴說當年他來到神面前「代求-求情」的情景：

『因你們所犯的 **一切罪**，行了耶和華眼中看為 **惡** 的事，惹祂 **發怒**，我就像從前 **俯伏在耶和華面前四十晝夜**，沒有吃飯，也沒有喝水。我因耶和華向你們大發烈怒，要滅絕你們，**就甚害怕**；但那次耶和華又應允了我。』申 9:18-19

然後，回顧完驚心動魄的「金牛犢」事件之後，摩西接著繼續回顧以色列百姓的「罪行-不義」，申 9:22：

『你們在他備拉、瑪撒、基博羅・哈他瓦 **又惹耶和華發怒。**』

接著是打發「探子」的事件，申 9:23-24：

『那時你們 **違背了** 耶和華－你們上帝的 **命令**，不信服祂，不聽從祂的話。自從我認識你們以來，你們 **常常悖逆耶和華**。』

摩西之所以要向這群準備要過河，進入迦南地的新一代以色列百姓，來回顧他們的父、母親、他們先祖在曠野的「不義-惡行」，乃是要語重心長地告訴他們，你們現在之所以「能夠存活」到如今，來到約旦河東，進入神所賞賜的應許地，這完完全全是因著耶和華神的「恩典-憐憫」，你們以色列人完全沒有什麼可誇口之處。

因為若不是耶和華神的「特赦 - 寬恕 - 開恩」，以色列早就滅絕，祢耶和華神之所以「要存留」這個又悖逆，又硬著頸項的民族，乃是要「來訴說」祢的恩典、「來見證」祢的救贖，「來彰顯」祢的權柄和榮耀。

所以，摩西在第九章最後結尾的地方，提到了他對耶和華神的這個祈禱，申 9:26-27,29：

『我祈禱耶和華說：主耶和華啊，
求祢不要滅絕 祢的百姓。
他們是 祢的產業，是祢 用大力救贖的，用大能 從埃及 領出來 的。
求祢記念 你的僕人亞伯拉罕、以撒、雅各，
不要想念這百姓的頑梗、邪惡、罪過。
其實 他們是 祢的百姓，祢的產業，
是祢用 大能 和 伸出來的膀臂 領出來 的。』

是的，以色列這個國家，猶太人這個民族，直到今天都還「存在」，這正好就證明了，摩西的祈禱，「直到如今」，都還是「真實-有效」的。

因為，以色列，確實是耶和華「神的產業」，耶和華神也確實仍然「記念」著祂與以色列的先祖:亞伯拉罕、以撒、雅各所立的「永恆盟約」。

## 五、「時常看顧」那地

『你們要過去得為業的 那地 乃是有山有谷、雨水滋潤之地，
是耶和華－你上帝所眷顧的 (要求的)；
從歲首到年終，耶和華－你上帝的眼目 時常看顧 那地。』申 11:11-12

筆者在其他妥拉篇章的段落中都論及了 以色列地的「獨特性」，譬如：

利未的第六段妥拉<死了之後>篇的第五段信息「聖地與聖潔」、
利未記第七段妥拉<成聖>篇的第五段信息「聖地與以色列民」、
利未記第九段妥拉<在西奈山>篇的第五段信息「禧年的終末論」、
民數記第十段妥拉<總路程>篇的第四段信息「具體的以色列疆界」。

是的，以色列地這塊土地，是耶和華神「**特別圈起來**」，要讓以色列百姓「**來繼承**」的，

但同時，這塊地所要求的「**神聖-聖潔**」的程度也很高，因為這裡乃是作為耶和華神立為「**衪名的居所**」的所在地，好像是耶和華神的「**直轄市**」一般，所以耶和華神要以色列百姓在這塊土地上，必須按著神所頒布的一切「**聖法**」來治理和生活。

所以申 11:12 的經文才會這樣說到：

『(這地) 是耶和華－你上帝 **所眷顧的 (要求的)**；從歲首到年終，耶和華－你上帝的眼目 **時常看顧 (注視)** 那地。』

這裡，「**所眷顧的**」，希伯來原文是(דרשׁ) 這個字，翻譯的更白話些就是「**要求**」，英文 demand. 這意思也就是說，耶和華神衪會特別「**要求**」這塊土地的「**聖潔**」，耶和華神會「**要求-監督**」在這塊土地上「**生活的居民**」，有沒有按著神所訂定的「**公平-正義**」的律例、法度來治理和生活。

如果，以色列百姓進入迦南地，得地為業後，**沒有按照神「聖潔-神聖」的律法來生活**，來行事為人，反倒是作了許多不公不義、行邪淫、拜偶像等等的事情的話，那麼，按照利未記第 18 章和 20 章所記載的懲罰，就是 以色列人會從這塊土地上「**被吐出**」去。

所以申 11:12 摩西再次提醒以色列百姓，**應許之地的「獨特性」和「神聖性」**，你們這些新一代的以色列百姓，進入迦南地得地為業後，一定要謹記這點。

因為，你們將來在這塊土地上的生活「**公義-聖潔**」與否，會直接關聯到這土地上「**出產**」的豐收與否。

申 11:13-15 摩西接著說道：

> 『你們若 留意聽從 我今日所吩咐的 誡命，
> 愛耶和華－你們的上帝，盡心盡性事奉祂，
> 我 (耶和華神) 必按時降秋雨春雨在你們的地上，
> 使你們可以收藏五穀、新酒，和油，也必使你吃得飽足，
> 並使田野為你的牲畜長草。』

是的，**如果以色列百姓遵守誡命，聽從耶和華神的話**，那麼，天就會按時降雨，地上五穀豐收，百姓吃得飽足。

但如果不聽神，又行耶和華眼中看為惡的事的話呢？

> 『你們要謹慎，免得心中受迷惑，就 偏離正路，去事奉敬拜別神。
> **耶和華的怒氣** 向你們發作，就使 **天閉塞不下雨，地也不出產**，
> 使你們在耶和華所賜給你們的美地上 **速速滅亡**。』申 11:16-17

如果讀者對以色列的地理和氣候有一些了解，會知道那裏的年降雨量很少，只要該下雨的時間沒有下，或是沒有下的足夠的話，那就會大大影響到隔年作物的產出。

因此昔日的猶太人，會特別的注意「**秋雨**」，在住棚節的傳統裡，當聖殿還在時，會有所謂「**取水**」的儀式：有一個被指派的祭司，會下到西羅亞池去「取水」，帶回聖殿，這個「取水」的動作其實就是一種類似「**祈雨**」的儀式。

所以，住在以色列這塊土地上，這裡是一個完全需要「**看天吃飯**」的地方，這也就可以解釋，在以前的中東世界，特別是在創世記裡面，我們看到很多處的經文都有記載到「**饑荒**」的原因。

是的，以色列地，這塊所謂的牛奶與蜜之地，她是需要耶和華神的眼目「**特別看顧**」的，因為這樣才會有 及時的 春雨 和 秋雨，但耶和華神也會 特別「**要求**」以色列人，在這塊土地上 按著「聖潔-公義」來生活。就正如申 11:12 所說：

> 『(這地) 是耶和華－你上帝 所眷顧-要求的；
> 從歲首到年終，耶和華－你上帝的眼目 時常看顧 那地 (以色列地)。』

## 問題與討論：

1. 本段妥拉的標題<如果>(עֵקֶב  ) 從這個字的字根(עקב)來看是什麼意思？另外，在<如果>篇這一整段妥拉的經文中，有許多經文都把「謹守遵行」神的「律例-典章-誡命」直接關聯到什麼？

2. 來到申命記第三段妥拉<如果>篇，摩西仍然繼續提醒和告誡以色列百姓,「不要忘記」耶和華神過去在你們以色列身上所施行的一切「神蹟奇事」、要「**時常記住**」神的大能和權柄。是否在你的人生經歷中，當你遭遇眼前的問題、困難、挑戰、挫敗的時候，你仍會把神擺在你面前，相信祂是 Living God.是「永遠活著」，而且「實際存在」的上帝，是那位「從前作事」,「直到如今」也「同樣作事」的創造主？

3. 申 8:10-14 『你要 謹慎，**免得忘記** 耶和華－你的上帝，**不守** 他的誡命、典章、律例，就是我今日所吩咐你的；恐怕你 **吃得飽足**，建造美好的房屋居住，你的牛羊加多，你的金銀增添，並 **你所有的全都加增**，你就 **心高氣傲**，忘記 耶和華－你的上帝，就是將你從埃及地為奴之家領出來的。』摩西說這一段話是什麼意思？ 當你人生順遂，暢行無阻時，你是否曾心高氣傲，忘記賜恩給你的神？

4. 申 9:26-27,29『我祈禱耶和華說：主耶和華啊，求你不要滅絕你的百姓。他們是 **你的產業**，是你 用大力救贖的，用大能 從埃及 **領出來** 的。求你記念你的僕人 **亞伯拉罕、以撒、雅各**，不要想念這百姓的頑梗、邪惡、罪過。...其實 他們是 **你的百姓，你的產業**，是你用 **大能** 和 **伸出來的膀臂 領出來**的。』到 21 世紀的今天，你是否還會為以色列這樣<懇求>代禱？

5. 申 11:11-12『你們要過去得為業的那地乃是有山有谷、雨水滋潤之地，**是耶和華－你上帝所眷顧的** (要求的)；從歲首到年終，耶和華－你上帝的眼目 **時常看顧那地**。』為什麼 迦南地/以色列地，這塊土地會是耶和華「**神時常看顧的那地**」？ 另外，這塊土地上出產的「豐收與否」會與什麼有直接關聯？(參申 11:13-15)

# 申命記 No.4 妥拉

## <看哪>篇 (פרשת ראה)

**本段妥拉摘要：**

申命記第四段妥拉，標題<看哪>，希伯來文(רְאֵה)。如標題<看哪>，意思是說，有兩條道路，你們要<看清楚哪>，一條「祝福」的道路，一條「咒詛」的道路，兩條路擺在你們以色列百姓的面前，這兩條路最後的「結果-終局」，神也讓你們清楚地看到了。就是「敬畏」神，「遵行」神的誡命就能「得福」；相反地，如果以色列人「不行」神所定規的「正道」，「偏行己路」則會帶來「咒詛」，遭遇「禍患」。

這也是這段妥拉<看哪>篇，開篇，一開始就立下的一個「總原則」：『<看哪>，我今日將 祝福 與 咒詛 的話都陳明在你們面前。你們若 聽從 耶和華－你們上帝的 誡命，就是我今日所吩咐你們的，就必 蒙福。你們若 不聽從 耶和華－你們上帝的誡命，偏離 我今日所吩咐你們的道，去事奉 你們素來所不認識的別神，就必 受禍。』申 11:26

敬畏耶和華是要按祂「所定規」的方式來「敬拜-事奉」祂，在<看哪>篇這段妥拉中，耶和華神「首次告訴」以色列百姓，將來敬拜神，會有一個「固定的地方」，一個地理位置，姑且稱它為「中央聖所」。這個地方在這段妥拉中經常以這樣的一句話來表示:『耶和華你神，所選擇 立為祂名 的 居所。』申 16:2,6,7,11,15,16。這個居所，就是: 耶路撒冷。

在<看哪>篇這段妥拉結尾處，申命記 16 章這一整章，是出現『耶和華所選擇要立為祂名的居所』這句話次數最多的一章，這一章正好也論到耶和華神的「三大節期」:逾越節、五旬節 和 住棚節，耶和華神要日後的以色列人，每逢三大節期，都要來到耶路撒冷朝見祂、敬拜祂。是的，當以色列百姓「敬畏神」，耶和華神就會「保守-護衛」祂的子民。正如詩篇 125:2 說：

『眾山怎樣圍繞 耶路撒冷，耶和華 也照樣 圍繞祂的百姓，從今時直到永遠。』

## 申命記 No.4 妥拉 <看哪> 篇（**פרשת ראה**）

經文段落:《申命記》11:26 - 16:17
先知書伴讀:《以賽亞書》54:11 - 55:5 [1]
詩篇伴讀: 97 篇
新約伴讀:《馬太福音》7:7-29、《約翰福音》7:37-52、《約翰一書》4:1-6

## 一、 <看哪>，請選擇

申命記第四段妥拉標題<看哪>。經文段落從申命記 11 章 26 節到 16 章 17 節。
<看哪>這個標題，在申 11:26:

> 『**看哪**，我今日將 祝福 與 咒詛 的話都陳明在你們面前。』
> **רְאֵה** אָנֹכִי נֹתֵן לִפְנֵיכֶם הַיּוֹם **בְּרָכָה וּקְלָלָה**

這段妥拉的標題: <看哪> (**רְאֵה**) 就是希伯來經文申 11:26 的第一個字，這個字
(**רְאֵה**) 這個第二人稱-單數的命令式動詞<看哪>，就是申命記第四段妥拉的標題。

<看哪> 這個動詞，就好像是耶和華神和摩西現在，在告誡每個以色列百姓，每
一個人，每一個「你」，意思是說<你看哪>，<你要看清楚哪>，有兩條道路，就
是「祝福」(**בְּרָכָה**) 和「咒詛」(**קְלָלָה**) 的兩條路，擺在你們面前，這兩條路走到
最後的「結局」都先向你們「顯明」出來。

首先，第一條「祝福」的道路，在申 11:27，按希伯來文直譯:

> 『就是 這祝福，如果 你們聽從 耶和華—你們上帝的 誡命，
> 就是我 (摩西) 今日所吩咐你們的』

> אֶת-**הַבְּרָכָה** אֲשֶׁר **תִּשְׁמְעוּ** אֶל-**מִצְוֹת** יְהוָה אֱלֹהֵיכֶם
> אֲשֶׁר אָנֹכִי מְצַוֶּה אֶתְכֶם הַיּוֹם

---

1 按猶太曆及猶太人妥拉讀經進度，在聖殿被毀日到吹角節中間的「七個」安息日，會有七份帶
有「安慰」信息的先知書伴讀經文，本段妥拉的先知書伴讀 以賽亞書 54:11 - 55:5 為第三份「安
慰」信息。

這裡我們看到，「這個祝福」(הַבְּרָכָה) 的道路，是要「你們聽從」(תִּשְׁמְעוּ) 耶和華你們的神的「誡命」(מִצְוֹת)。所以經文的意思很清楚：遵守神的話、按著神的真理法則來行，就會得祝福。

接著下一節，申 11:28 講到「咒詛」，按希伯來文直譯 申 11:28：

> 『就是 這咒詛，如果你們 不聽從 耶和華─你們上帝的 誡命，
> 　　　偏離 我今日所吩咐你們的道，
> 　　　去跟隨你們素來所 不認識的 別神，』

> וְהַקְּלָלָה אִם-**לֹא תִשְׁמְעוּ** אֶל-**מִצְוֹת** יְהוָה אֱלֹהֵיכֶם
> **וְסַרְתֶּם** מִן-הַדֶּרֶךְ אֲשֶׁר אָנֹכִי מְצַוֶּה אֶתְכֶם הַיּוֹם
> לָלֶכֶת אַחֲרֵי **אֱלֹהִים אֲחֵרִים** אֲשֶׁר **לֹא-יְדַעְתֶּם**

這咒詛 (הַקְּלָלָה)，是什麼？ 就是「你們不聽從」耶和華你們的神的「誡命」的時候，就會遭遇咒詛和禍患。

在申命記前面三段的妥拉內容<話語>篇、<我懇求>篇、<如果>篇，耶和華神已經把許多需該注意的事情，要以色列百姓必須記住的錯誤和教訓，都透過摩西來告誡以色列百姓了，現在，話講清楚，也說明白，**剩下的，就是留給百姓們自己去「作選擇」**。

為了要讓百姓們可以做出正確的選擇，摩西還要百姓們作出一個象徵性的動作，就是要他們走到高山去，讓他們把這「祝福-咒詛」這兩條道路的結果和終局「看清楚」，可以「看的深 - 看得遠」。

這就是申 11:29 節說的：

> 『及至耶和華─你的上帝領你進入要去得為業的那地，
> 　　　你就要將 祝福 的話陳明在 基利心山 上，
> 　　　將 咒詛 的話陳明在 以巴路山 上。』

是的，神的話總是清清楚楚，毫無模稜兩可，「祝福-咒詛」這兩條道路的選擇，一點也不困難，當然是選擇祝福的道路，因為我們所信的神，是賜平安，不是降災禍的神，正如耶利米書 29:11 所說：

> 『我向你們所懷的意念，是 賜平安 的意念，
> 　　　不是降災禍的意念，要叫你們 末後有指望。』

神所設立的這些律法、誡命、典章、法度、律例原是「為我們好」，況且這些誡命也是「不難守的」。

『我們 遵守 神的誡命，這就是 愛祂 了，
並且 祂的誡命 不是難守的。』約翰一書 5:3

最後，用申 10:12-13 這段經文做一個小結：

『以色列啊，現在耶和華－你上帝向你所要的是甚麼呢？
只要你 敬畏耶和華－你的上帝，遵行祂的道，愛祂，盡心盡性事奉祂，
遵守祂的誡命律例，就是我今日所吩咐你的，為要叫你 得福。』

## 二、 立為「祂名的居所」

筆者在其他妥拉篇章的段落中都論及了: 以色列地的「獨特性」。

譬如在：
利未的第六段妥拉<死了之後>篇的第五段信息「聖地與聖潔」、
利未記第七段妥拉<成聖>篇的第五段信息「聖地與以色列民」、
利未記第九段妥拉<在西奈山>篇的第五段信息「禧年的終末論」、
民數記第十段妥拉<總路程>篇的第四段信息「具體的以色列疆界」。
申命記第三段妥拉<如果>篇的第五段信息「時常看顧那地」。

以色列這塊土地，被耶和華神「特別選擇」出來，要來作為祂「榮耀彰顯」之處，作為耶和華神的「直轄市」，這個啟示和主題，來到申命記的第四段妥拉<看哪>篇，又有更進一步的預示，先來看幾處經文，首先在申命記 12 章:

『但耶和華－你們的上帝從你們各支派中 選擇何處為 立祂名的居所..』申 12:5
『都奉到耶和華－你們上帝 所選擇要 立為祂名的居所。』申 12:11
『惟獨耶和華從你那一支派中 所選擇的地方，你就要在那裏獻燔祭，行我一切所吩咐你的。』申 12:14
『要奉到耶和華 所選擇的地方 去。』申 12:26

再來是申命記 16 章:

『你當在耶和華 所選擇要 立為祂名的居所。』申 16:2
『只當在耶和華－你上帝 所選擇要 立為祂名的居所。』申 16:6
『當在耶和華－你上帝 所選擇的地方。』申 16:7
『都要在耶和華－你上帝 所選擇 立為祂名的居所。』申 16:11
『在耶和華 所選擇的地方。』申 16:15
『一年三次，在耶和華－你上帝 所選擇的地方 朝見祂。』申 16:16

上面讀的這些經文中，有一句話經常出現，就是:

『耶和華 所選擇要 立為祂名的居所。』
הַמָּקוֹם אֲשֶׁר יִבְחַר יְהוָה לְשַׁכֵּן שְׁמוֹ שָׁם

在申命記 16 章的經文中，這麼「密集頻繁」地出現意思相同的句子，透露出一個很清楚明確的訊息，那就是:以色列百姓，將來過三大節期的時候，都必須要去到的一個「中心-定點」，這個所謂的「世界的中心」，也是後來 福音傳播的「起點」，甚至也將會是 福音傳回的「終點」: 耶路撒冷，這座 耶和華神「所選擇要立為他名」的居所的聖城: 耶路撒冷。

在歷代志下六章的經文中，我們看到，當所羅門王蓋好聖殿，向耶和華神獻殿時，耶和華神 對所羅門王 說，歷代志下 6:5-6:

『自從我領我民出埃及地以來，
我未曾在以色列眾支派中選擇一城建造殿宇為「我名」的居所，
也未曾揀選一人作我民以色列的君;
但「選擇 耶路撒冷 為 我名的居所」，又揀選大衛治理我民以色列。』

耶路撒冷作為耶和華神所選擇要「立為祂名」的居所，這座「聖城」在整本聖經從創世記到啟示錄都被提及，「耶路撒冷」被提到的次數有七百多次之多。

在詩篇中，詩人也清楚知道，耶路撒冷乃是作為耶和華神『所選擇要立為祂名的居所』:

『住在 耶路撒冷 的 耶和華，該從 錫安 受稱頌。』詩篇 135:21

『因為 耶和華 揀選了 錫安 (耶路撒冷)，
願意當作 自己的居所 說：
這是 我永遠安息之所；
我要 住在這裏， 因為是我所願意的。』詩篇 132:13-14

『你們要為 耶路撒冷 求平安！
耶路撒冷 啊，愛妳的人必然興旺！』詩篇 122:6

『必有許多國的民前往，說：
來吧，我們登 耶和華的山，奔 雅各上帝的殿。.
主必將祂的道教訓我們；我們也要行祂的路。
因為 訓誨 (妥拉) 必出於 錫安；
耶和華的言語 必出於 耶路撒冷。』以賽亞書 2:3

在馬太福音 5:35，耶穌自己也這樣說：

『不可指著 耶路撒冷 起誓，
因為 耶路撒冷 是 大君王 (耶和華神 )的京城。』

上面讀了這麼多經文,都提到耶路撒冷作為耶和華神「立為祂名」的居所、所在,不過，在撒迦利亞書 14 章，卻預言到將來，在末後的日子，**列國會來攻打耶路撒冷**，撒迦利亞書 14:2：

『因為我必聚集萬國與 耶路撒冷 爭戰，
城必被攻取，房屋被搶奪，婦女被玷污，城中的民一半被擄去；
剩下的民仍在城中，不致剪除。』

以色列的餘民，在末後的日子，雖會經歷猶如「產難」的大逼迫和痛苦，但是，**耶路撒冷**，和以色列的餘民，最終將會得著最後的救贖，因為「**守約-信實**」的耶和華神，從始至終，都會「**誓死護衛**」祂的居所，和 祂的子民。正如尼希米記 1:9 所說：

『但你們若歸向我，謹守遵行我的誡命，你們被趕散的人雖在天涯，**我也必從那裏將他們招聚回來，帶到 我所選擇立為我名的居所。**』

因為，耶和華神說：

『**我的居所** 必在他們 (以色列) 中間；我要作他們的上帝，他們要作我的子民。

我的聖所 在以色列人中間 直到永遠，

外邦人就必知道

我是叫以色列成為聖的耶和華。』以西結書 37:27-28

## 三、 再提「潔淨飲食」

在申命記中，如果有一些耶和華頒布的聖法，是在前面的書卷已經記載過，但來到申命記又再次「**被重提**」的話，那這就表示，這是耶和華神「**非常看重**」的一個聖法，譬如，申命記 14 章的「**潔淨飲食**」條例。

關於「潔淨飲食」條例，筆者在利未記第三段妥拉<第八日>篇的第四段信息「不是單靠食物」，和第五段信息「潔淨與不潔淨」都有詳細的論述。

耶和華神所制定的潔淨飲食，關於陸地上的活物，其判斷的標準是「**分蹄-倒嚼**」，申 14:6 (利未記 11:3)：

『凡 **分蹄** 成為兩瓣 又 **倒嚼** 的走獸，你們都可以吃。』

至於水中的活物，則是需要「**有翅有鱗**」才被定義為潔淨的食物，申 14:9-10 (利未記 11:9)：

『水中可吃的乃是這些：凡 **有翅有鱗** 的都可以吃；凡無翅無鱗的都不可吃，是與你們不潔淨。』

「守不守」潔淨飲食條例的問題，對以色列人、猶太人來說，不構成任何的問題，因為這是耶和華神向以色列百姓頒布的誡命，這個誡命乃是要具體地告訴以色列人，同時也是向世人顯明，你們以色列民是一群被「分別出來」的聖民，所以在生活的大小事上，例如像是「**飲食**」這個再普通不過的人類日常活動上，都要為著耶和華神來「**分別為聖**」。

正如申 14:2 所說：

『因為 你是歸耶和華—你的上帝 為 神聖的民，
耶和華 從地面上的萬民中 揀選你，特作祂自己寶貝貴重的子民。』

כִּי עַם קָדוֹשׁ אַתָּה לַיהוָה אֱלֹהֶיךָ
וּבְךָ בָּחַר יְהוָה לִהְיוֹת לוֹ לְעַם סְגֻלָּה מִכֹּל הָעַמִּים אֲשֶׁר עַל-פְּנֵי הָאֲדָמָה

「持守」潔淨飲食的美好見證，我們可以想到但以理，在但以理書第一章，記載當時被擄到巴比倫的但以理，他被巴比倫王尼布甲尼撒特選出來，要來作為培育王室內部的儲備官員，但以理書 1:4-5：

『就是年少沒有殘疾、相貌俊美、**通達各樣學問、知識聰明俱備、足能侍立在王宮裏** 的，要教他們迦勒底的文字言語。王派定將 **自己所用的膳** 和所飲的酒，每日賜他們一分，養他們三年。滿了三年，好叫他們在王面前侍立。』

結果，但以理並不願意吃尼布甲尼撒王的「美食-美酒」，因為，第一、很有可能尼布甲尼撒王的膳食已經先「祭拜過」偶像，第二、王的食物也可能含有許多耶和華神所定義的「不潔淨」的食物和肉品，例如豬肉、馬肉、駱駝肉...等等。第三、食用王的食物和酒，這個動作則是象徵也代表要「與王聯合、結盟」

基於上述的這幾項原因，但以理「決意-立志」不用尼布甲尼撒王的膳食，反倒以「素菜-白水」飲食，但以理書 1:8：

『但以理卻 **立志** 不以王的膳 和 王所飲的酒 「玷污」自己，所以求太監長容他 「不玷污」 自己。』

正如但以理書第一章的結尾讓我們看到的，這些在異邦「持守」<潔淨飲食> 條例的猶太青年，居然在當時的巴比倫大帝國的君王面前做了美好的見證，**見證耶和華「神的智慧」**在他們的身上。

如但以理書 1:17、20 節記載：

『這四個少年人，**上帝** 在各樣文字學問(智慧)上，
**賜給** 他們 **聰明知識**；
但以理 又明白 各樣的異象和夢兆。
王考問他們一切事，
就見 **他們的智慧聰明** 比通國的術士和用法術的 **勝過十倍。**』

在創世記第十段妥拉<過了>篇的第四段信息「在外邦作見證」筆者分享過，約瑟和但以理這兩個人，都是 **神的子民在異鄉異地，在外邦，在當時所處的政治強權中，『為耶和華神作見證』，讓這些地上的王看到，在他們身上有「從神而來的」聰明智慧。**

接續但以理書第一章，來到第二章，我們就會看到但以理替尼布甲尼撒王「解夢」的經文敘事

在但以理書 2:46 節，當尼布甲尼撒王聽完了但以裡精闢的解夢之後，尼布甲尼撒王「俯伏在地」，還向但以理下拜，並且吩咐人給他奉上供物和香品。但以理書 2:47：

『尼布甲尼撒王對但以理說：

「你既能 **顯明** 這 **奧祕** 的事，

**你們的上帝** (耶和華) 誠然是 **萬神之神、萬王之主**，又是 **顯明奧祕事** 的。」』

# 四、重提「安息年」

在<看哪>篇這段妥拉，申命記第 15 章又再度提到「**安息年**」的聖法，安息年條例這個耶和華神明定，是要以色列百姓在第七年「**釋放奴隸**」，以及「**土地休耕**」的誡命。

筆者在出埃及記第六段妥拉<典章>篇的第二段信息「從奴隸談起」，以及利未記第九段妥拉<在西奈山>篇的第二段信息「安息年」，在這兩段信息文本中都已介紹過「安息年」的相關條例。

前文提過，如果一些在妥拉前面書卷已經記載過的聖法，來到申命記又「**再次被提及**」，那這就表示這條聖法和誡命 **是被耶和華神所看重的**，或者說，是還有一些重點細項「**需要增補**」的。

譬如，「安息年」條例，來到申命記這裡，還「補充」第七年要施行「**豁免債務**」這一條例，來看申 15:1-2：

> 『每逢七年末一年，你要施行 **豁免**。
> **豁免** 的定例乃是這樣：**凡債主要把所借給鄰舍的 豁免 了；**
> **不可 向鄰舍和弟兄 追討，**
> 因為 **耶和華的豁免年** 已經宣告了。』

這裡，也又讓我們想到每五十年而來的「**禧年**」，失去或賣掉的產業可以無條件的「**各歸本家**」的條例。[2]

其實，不論是「**安息年**」或「**禧年**」，耶和華神制定這些聖法背後的心意和精神就是: 祂希望將來以色列在應許之地上的生活，在這個按照「神的聖法」所施行和治理的社會當中，**不要有「貧富差距」、或「貧富不均」**的情形發生，所以為了要防止這樣的狀況出現或惡化，耶和華神才制定出了「安息年」和「禧年」。申 15:7-8：

> 『在耶和華－**你上帝所賜你的** 地上，無論哪一座城裏，
> 你弟兄中若有一個窮人，
> 你 **不可忍著心、揝著手不幫補** 你窮乏的弟兄。
> 總要向他 **鬆開手**，照他所缺乏的 借給他，補他的不足。』

在希伯來語裡面有一句諺語，叫作 (כָּל יִשְׂרָאֵל עֲרֵבִים זֶה לָזֶה)
英文可以翻譯成 **All Israel is responsible for one another.**
中文意思就是: 『**每個以色列人都要 彼此互相擔保、負責和扶持**。』

這是直到今日的以色列，猶太人這個民族的一個很重要，也很根深蒂固的一種「**社群盟約**」的觀念，筆者在民數記第十段妥拉<總路程>篇的第四段信息<具體的以色列疆界>談到，在 1948 年以色列復國沒多久的時間，這個新成立的以色列政府，雖然沒什麼資金也沒什麼資源，但是政府部門還是「不惜一切」的代價，拚死拚活都要把海外的猶太人，一批一批的接回這個重建的以色列國。

再回到申命記，申 15:12-14 這段經文，也是「增補」了前面在出埃及記第 21 章，安息年要「釋放奴隸」**所沒有出現的誡命** (底下經文中標粗體的部分)，申 15:12-14：

> 『你弟兄中，若有一個希伯來男人或希伯來女人被賣給你，
> 服事你六年，到第七年就要任他自由出去。你任他自由的時候，
> **不可使他空手而去，要從你 羊群、禾場、酒醡 之中 多多地給他；**
> 耶和華－你的上帝怎樣賜福與你，你也要 **照樣給他**。』

---

[2] 同參《奧秘之鑰-解鎖妥拉:利未記》No.9 妥拉 <在西奈山>篇之第三段「禧年」。

耶和華神顧念所有人、體恤每個人，特別是那些窮乏、困苦的。在申 15:12-14
這段經文讓我們清楚看到，神雖然讓奴隸可以在第七年無條件得贖、得自由，但
為了避免他們得自由出去的時候「一無所有」，然後因為「貧窮」、無法生活，結
果又「回來作奴隸」，所以訂定這樣的誡命，就是主人在安息年「釋放奴隸」時，
**不可以讓他們「空手出去」**，正好相反，主人必須要給他們「**有足夠**」的財產，
可以**養活自己、自力更生**，「**有能力**」重新開始一段新的人生。

在申命記 15 章出現的這一些「**增補**」的安息年條例，其實目的乃是要 以色列「**全
體百姓**」都能「**昌大豐盛**」，正如申 15:4-5 所說：

> 『你若留意聽從耶和華－你上帝的話，
> 謹守遵行我今日所吩咐你這一切的命令，
> 就必在你們中間 **沒有窮人** 了。
> 在耶和華－你上帝所賜你為業的地上，
> 耶和華 **必大大賜福與你。**』

當以色列這樣「**謹守遵行**」耶和華神所制定的「安息年」條例和誡命的時候，他
們就會成為「**列國的光**」，成為列國爭相仿效的楷模。申 15:6：

『因為耶和華－你的上帝 **必照祂所應許你的** 賜福與你。你必借給許多國民，卻
不致向他們借貸；**你必管轄許多國民**，他們卻不能管轄你。』

是的，神所訂定的律例、典章和誡命，原是要我們得福，當我們「行在祂的法則」
當中時，神一定會賜福我們，正如申 15:18 所說：

『耶和華－你的上帝 就必在 **你所做的一切事上** 賜福與你。』

## 五、 在神面前喜樂

在申命記第四段<看哪>篇這段妥拉中，有一個經常出現的單字「**喜樂-歡樂**」希伯來文 (**שָׂמַח**)，這個字在創世記、出埃及記、利未記和民數記都只有出現過一次而已，但來到申命記，卻一共出現了 12 次，而 <**看哪**> 篇這段妥拉就有 7 次之多。

來看底下有出現「**喜樂-歡樂**」的幾處經文

『在那裏，耶和華 你們上帝的面前...就都 **歡樂**。』申 12:7
『都要 在耶和華 你們的上帝面前 **歡樂**。』申 12:12
『在耶和華 你上帝面前 **歡樂**。』申 12:18
『在耶和華 你上帝的面前 吃喝 **快樂**。』申 14:26
『在耶和華 你的上帝面前 **歡樂**。』申 16:11
『(向耶和華神) 守節 的時候，都要 **歡樂**。』申 16:14
『你當 向耶和華 你的上帝守節 七日；...你就非常地 **歡樂**。』申 16:15

在上面讀的這「**七**」處經文中，都有出現「**歡樂**」這個詞，再者，我們看到，這些「歡樂」全部都關聯到了「**在耶和華-你的神面前**」，

「**在神面前歡樂-喜樂**」是什麼意思？

在我們的信仰生活中，好像我們常是愁苦地來到神面前，在祂面前「痛苦-哀哭」、我們很少是在神面前「歡喜-快樂」的，為什麼呢？原因很簡單，**因為我們沒有以神為我們「喜樂的泉源」，我們常是以其他的「人-事-物」，甚至是「偶像」當作是滿足我們，使我們快樂的來源，若是這樣，那我們必然是常常勞苦愁煩。**詩篇 16:4：

> 『以 **別神** 代替耶和華的，
> 他們的 **愁苦** 必加增。』

所以在<看哪>篇這妥拉中，摩西提醒以色列百姓，你們要以神和神所賞賜給你們的一切為「喜樂」的來源，你們當「**在神面前-歡喜快樂**」，因為你們以色列百姓在應許之地「所擁有」的一切，都是耶和華「神給你們」的，你們本來就應當要「**在神面前-歡喜快樂**」，並且感恩。

再回到前文讀的這七處經文，這一次，我們從「另一個面向」來看

『你們 和 你們的家屬 都可以吃...就都 歡樂。』申 12:7
『你們 和 兒女、僕婢，並城裏 無分無業的利未人，都要...歡樂。』申 12:12
『你 和 兒女、僕婢，並住在 你城裏的利未人，都可以吃；也要...歡樂。』申 12:18
『你 和 你的家屬...吃喝 快樂。』申 14:26
『你 和 你兒女、僕婢，並住在 你城裏的利未人，以及在你們中間 寄居的 與 孤兒寡婦...歡樂。』申 16:11
『你 和 你兒女、僕婢，並住在 你城裏的利未人，以及 寄居的 與 孤兒寡婦，都要 歡樂。』申 16:14
『在你 一切的土產 上和你手裏所辦的事上要賜福與你，你就非常地 歡樂。』申 16:15

這一次的「歡樂」，我們注意到，經文幾乎都提到了一種「集體-共享」的歡樂-福樂，因為經文說到了你們和你們的家屬、你們和兒女、僕婢，並城裏無分無業的利未人、甚至是在你們中間寄居的、孤兒寡婦，「全部-大家」都要歡樂。

所以，這裡摩西在教導以色列百姓，你們所享受的「喜樂-福樂」，絕對不是只有「自我」或「一個人」的「獨享」的喜樂，你們個人要「顧及他人」，有缺乏的、需要幫補的，各人都要伸出援手，要讓一個信仰社群裡的「每一個人」，都享受到從神而來的「喜樂-福樂」。

其實，這也就是我們常說的『助人為快樂之本』。

有人說 21 世記的文明病是「憂鬱症」，這是因為當個人都只專注於「自我」－ 我的不滿足、我的缺乏、我的慾望、我的缺點，什麼都是「我的」、「我的」的時候，那麼，那個憂鬱、心中的勞苦愁煩，自然會不斷地累積。

神不要我們「只顧自己」，神要我們，進入到「社群」裡面，進到教會中、去過小組、團契的生活，在團體當中，去享受弟兄姊妹肢體當中的「彼此建造」、「互相幫補」的這份「喜樂-福樂」，因為這樣的喜樂，絕對不是你可以「自己一個人」透過其他的事物來滿足和經歷得到的。路加福音 6:38，耶穌說：

『你們 要給人，就必有 給你們的，
並且用十足的升斗，連搖帶按、上尖下流地倒在你們懷裡。』

## 問題與討論：

1. 在第一段信息「看哪，請選擇」一文中提到，摩西要以色列百姓<看清楚>兩條道路:「**祝福**」和「**咒詛**」，那到底什麼是祝福的道路？ 什麼又是咒詛的道路？

2. 在本段妥拉中，有一句話經常出現的語句就是『**所選擇要立為祂名的居所**』，這座耶和華神『**所選擇要立為祂名居所**』的城市在哪裡？ 整本聖經裡有哪些經文提到這座城市？

3. 本段妥拉的申命記 14 章又重提利未記 11 章的「**潔淨飲食**」條例。為什麼耶和華神這麼看重「**潔淨飲食**」？ 再來，在聖經中「持守」潔淨飲食的美好見證，可以想到誰？

4. 本段妥拉的申命記第 15 章又再度提到「**安息年**」的聖法，如果一些在妥拉前面書卷已經記載過的聖法，來到申命記又「再次被提及」，那這就表示這條聖法和誡命是被耶和華神所看重，或者說，是還有一些重點細項「**需要增補**」的。請問申命記第 15 章提到「**安息年**」的時候「又增補」了哪些條例？ 從這些增補的條例可以讓你更加體會到、認識到耶和華神是一位怎麼樣的上帝？

5. 在這一段妥拉中，有一個經常出現的單字，叫做「**喜樂-歡樂**」，在經文中這些「歡樂」全部都關聯到什麼？ 你認為真正「喜樂的泉源」來自哪裡？

# 申命記 No.5 妥拉
# <審判官>篇 (פרשת שופטים)

## 本段妥拉摘要：

申命記第五段妥拉，標題<審判官>，希伯來文(שֹׁפְטִים)。如同標題<審判官>所揭示的，一個國家的整體安全、社會安定、和「公平-正義」的守護，以及法律的執行，以上這些，都有賴於以色列境內各個城市裡的<審判官>和官長來確實貫徹及執行，正如這段妥拉開篇經文所說，申 16:18：『你要設立<審判官>和官長，在耶和華你上帝所賜的各城裡，按著各支派，他們必按 公義的審判 審判百姓。』

<審判官>這段妥拉其實也已先預告，將來在以色列當中，會有三個不同「領導」地位的職分和角色，這三個位份:第一 祭司、第二 君王、第三 先知，耶和華神設立這三個位分，乃類似一種「**三權分立**」，彼此互相「監督-制衡」的結構和功能。

首先、**祭司**-利未人，他們是一群負責「**守護-教導**」耶和華「**神律法**」的專業人士，他們要「教導」君王「神的聖法」，並且要這些君王們，為自己「抄錄一本」放在手邊，好讓自己行在神的「真理-正道」當中。

第二、**君王**，在<審判官>這段妥拉中，我們看到 君王的權力是「被限制的」，申 17:16-17：『只是王 **不可為自己加添馬匹**，也 **不可使百姓回埃及去**，為要加添他的馬匹，因耶和華曾吩咐你們說：『不可再回那條路去。』他也 **不可為自己多立妃嬪**，恐怕他的心偏邪；也 **不可為自己多積金銀**。』

最後、**先知**，是以色列的「**良知之聲**」，先知可說是以色列「存亡」的最後一道「防線」，當「祭司」階級腐化、「君王」敗壞的時候，耶和華神就會興起許多的「先知」不斷「斥責」這些王，並大力呼籲以色列全國必須「悔改」。

最後，在這段妥拉中，也會提到，彌賽亞耶穌，祂是如何地集「**祭司-君王-先知**」於一身，來成就父神耶和華在愛子耶穌身上的偉大奇妙工作。

申命記 **No.5** 妥拉 <審判官> 篇（**פרשת שופטים**）

經文段落:《申命記》16:18 - 21:9
先知書伴讀:《以賽亞書》51:12 - 52:12 [1]、《撒母耳記上》8:1-22
詩篇伴讀: 17 篇
新約伴讀:《約翰福音》1:19-27、《使徒行傳》3:22-23、《馬可福音》14:53-64

## 一、 維繫聖法的<審判官>

申命記第五段妥拉標題<審判官>。經文段落從申命記 16 章 18 節到 21 章 9 節。
<審判官>這個標題，在申 16:18：

> 『你要設立 **審判官** 和官長，在耶和華你上帝所賜的各城裡，按著各支派，
> 他們必按公義的審判審判百姓。』

**שֹׁפְטִים** וְשֹׁטְרִים תִּתֶּן־לְךָ בְּכָל־שְׁעָרֶיךָ אֲשֶׁר יְהוָה אֱלֹהֶיךָ נֹתֵן לְךָ לִשְׁבָטֶיךָ
וְשָׁפְטוּ אֶת־הָעָם מִשְׁפַּט־צֶדֶק

這段妥拉的標題: <審判官> (**שֹׁפְטִים**) 就是希伯來經文申 16:18 的第一個字，這個
字 (**שֹׁפְטִים**) 就是申命記第五段妥拉的標題。

這一段妥拉之所以會以<審判官>當作標題，乃因本段妥拉的經文內容，主要在
講述: 未來當以色列百姓進入迦南地，建立一個政治實體，也就是以色列國之後，
這個國家需要有<審判官>來「**把守住**」公平、正義、真理的底線，並按「**公平-
正義**」來執行、判斷，以此來「維繫」以色列的國家「安定」、和社會「和諧」。

再回到申 16:18 的經文，我們會發現到這節經文，一連出現三次有 (**שפט**) 這個
表示「審判」意思的希伯來字根，也就是 16:18 第一個字「**審判官**」(**שֹׁפְטִים**)和
動詞「**審判**」(**שָׁפְטוּ**)，以及複合名詞的詞組公義的「**審判**」(**מִשְׁפַּט**)。

---

[1] 按猶太曆及猶太人妥拉讀經進度，在聖殿被毀日到吹角節中間的「七個」安息日，會有七份帶
有「安慰」信息的先知書伴讀經文，本段妥拉的先知書伴讀 以賽亞書 51:12 - 52:12 為第四份
「安慰」信息。

是的，<審判>，我們所信仰的神，除了是慈愛的上帝，當然祂也是一位「公義」的上帝，祂是一位會施行<審判>的神。

在以色列這個信仰社群的團體中，耶和華神不希望有「罪惡-敗壞-淫亂」等在耶和華眼中看為「惡」的事情發生，所以耶和華神設立<審判官>和官長要來防堵「破口」，也就是，不容許有任何「破口」出現。

來看幾處經文：

『你要設立<審判官>和官長，在耶和華你上帝所賜的 各城(門) 裡…』申 16:18

『在你們中間，在耶和華－你上帝所賜你的 諸城(門) 中，無論哪座 城(門) 裏，若有人，或男或女，行耶和華－你上帝眼中看為惡的事，違背了他的約……』申 17:2

『你就要將行這惡事的男人或女人拉到 城門 外，用石頭將他打死。』申 17:5

在上面這三處經文中，有一個很重要的單字一再出現，就是「城門」(שַׁעַר)。

古時的中東世界，一個城市最重要的地方就是他的「門戶」，也就「城門口」，因為在那裏聚集各式各樣的人、做買賣的、通關的，也有國家政府的官員，甚至城市的市政廳就設在「城門口」，因此，在「城門口 - 把關」對一座城市而言自然是重要無比的事。

從屬靈涵義來說，耶和華神設立<審判官>在「城門口」，其實目的就是為了要在以色列這個信仰社群中，「防堵」任何罪惡的「破口」出現，因為一旦「破口」出現時，罪惡就會「發酵」，會逐漸地在信仰社群中帶來不好的影響，帶來「破壞」，甚至最後走向「敗壞」，最後導致整個信仰社群的「崩壞-瓦解」。

『你要追求 至公至義，
好叫你 存活，承受 耶和華－你上帝 所賜你的地。』申 16:20

是的，就如申 16:20 這節經文清楚表明的，當我們按著神的「公平-正義」、神的法則來生活的時候，我們就得存活，享受神所賞賜給我們一切豐盛的恩典，並且承受產業；但相反地，如果我們行耶和華眼中看為「惡」的事情，所思所行都是「不公-不義」，那麼，這除了會帶來敗壞，也還會遭致神的<審判>。

## 二、 祭司、君王、先知

在<審判官>這段妥拉中，經文首次「並列-出現」三種重要的職分和角色，耶和華神設立這三種人，目的是要防止以色列走向完全的敗壞，敗壞到無以復加，到「無法拯救」的地步。

這三個在以色列具有「宗教、政治、屬靈」的領導位分，分別是:

第一、**祭司**-利未人: 他們是「神聖律法」的維繫者和教導者。

第二、**君王**: 是政治上的統治者，但以色列的王必須要按照「神的律法」來治國。

第三、**先知**: 是以色列信仰社群的最後一道防線，當祭司和以色列的王都腐敗、墮落的時候，先知就要站出來，向眾人大聲疾呼:要悔改，回到神面前。

首先，**祭司** 和利未人，摩西在最後為各支派的祝福中，提到，利未支派要肩負起「教導」以色列百姓「神律法」的重責大任:

『他們 (利未人) 要將祢的典章教訓雅各，

將 祢的律法 (妥拉) 教訓以色列。』申 33:10

神的話，也就是神的「律法-妥拉」，是「永恆不變」的，因為詩篇 119:89 說:『耶和華啊，**祢的話 安定在天，直到永遠。**』

所以祭司和利未人最重要的職責是「**保守-護衛**」神的律法，不容任何人竄改，說到這裡，作為「最完美的」大祭司:耶穌，祂也這樣說，馬太福音 5:18:

『我實在告訴你們：就是到天地都廢去了，

(耶和華神) 律法 (妥拉) 的 一點一畫 也不能廢去，都要成全。』

第二、**君王**，說到君王，其實 **耶和華神** 自己就是 **以色列的大君王**，所以原來耶和華神並沒有要以色列另立一個「地上的-政治的」王，但是正如耶和華神已經預見到的，在申 17:14 提到，以色列百姓『到了耶和華－你上帝所賜你的地，得了那地居住的時候，若說:『我要 **立王** 治理我，**像四圍的國一樣**。』

那麼，所立的這位王，是有條件限制的，首先這個王，是要「合神心意」，再來，必須是自家人，也就是自己的同胞:以色列人。申 17:15:

『你總要立耶和華－**你上帝所揀選的人** 為王。

**必從你弟兄中** 立一人；不可立你弟兄以外的人為王。』

關於這一點，以色列歷史上前三任的王，的確一開始都是耶和華神「揀選出來」的:**掃羅王、大衛王、所羅門王**，但是「被揀選出來」的王，到最後不見得還是「合神心意」的王，像是掃羅王和所羅門王就晚節不保。

回到申命記，申 17:16-17 接著說：

『只是王 **不可為自己加添馬匹**，也 **不可使百姓回埃及去**，為要加添他的馬匹，因耶和華曾吩咐你們說:『不可再回那條路去。』他也 **不可為自己多立妃嬪**，恐怕他的心偏邪；也 **不可為自己多積金銀**。』

讀上面這段經文，立刻就讓我們想到所羅門王。是的，耶和華神洞悉人性，祂早就預料到『**權力-金錢 會使人腐化**』的事情會發生，所以，在以色列還沒有過約旦河，進迦南地之前就先警告他們，將來你們若要立王的話，一定要「**限制**」帝王的權力。

作為基督徒，我們知道，其實「**猶太人真正的王**」，就是彌賽亞:耶穌，路加福音 1:31-33：

『你要懷孕生子，可以給他起名叫 **耶穌**。

他要為大，稱為 **至高者的兒子**；

主上帝 (耶和華) 要把他祖 **大衛的位** 給他。

他要作 **雅各 (以色列) 家的王**，直到永遠；

他的國 也沒有窮盡。』

所以，按照申命記<審判官>妥拉，耶和華神所設立「立王」的前提和條件，就是 『**必從你弟兄中** 立一人；不可立你弟兄以外的人為王。』

那麼，耶穌完完全全符合這個資格，因為耶穌是 **亞伯拉罕的後裔、以色列家的人**、出自 **猶大支派**、是 **大衛的子孫**，耶穌作為「以色列家的王」，完全沒有任何問題和可議之處。

最後，如果在以色列國中，「祭司」腐化了、「君王」又敗壞，行耶和華神眼中看為惡的事的時候，那麼此時，「**先知**」就要成為「最後的」一道防線，「**先知**」要成為「最終的」良知之聲，要大聲疾呼地，向以色列國強力呼籲「全國悔改」。

在希伯來聖經當中，我們看到先知「斥責君王」的故事屢見不鮮，**先知**，作為 **時代的良知之聲**，目的就是要防止以色列內部社會的「完全敗壞」、道德的「完全

淪喪」，最後使得以色列國走向「完全滅亡」，所以才說先知是以色列「最後的」一道防線。申 18:15,18：

『耶和華－你的上帝 要從 你們弟兄中間 給你興起 一位先知 像我，你們要聽他。…我 (耶和華神) 要將當說的話傳給他；他要將我一切所吩咐的都傳給他們。』

讀這段經文我們知道，這裡的「先知」，就是在預告那要來的彌賽亞:耶穌。可以這麼說，耶和華神之所以要差派他的獨生愛子耶穌來到以色列，到猶太人當中，目的就是要來「拯救」祂的子民，以「防止」他們完全的沉淪和完全的滅亡。馬太福音 15:24：

耶穌說：「我奉差遣 不過是到 以色列家 迷失的羊那裏去。」
或按希臘文原文直譯:
「我不被差遣，除非是到 以色列家 迷失/失喪/被殺害、毀滅的羊那裡。」

如此，我們可以說，耶穌，就是「以色列」存亡的「最後一道防線」，這道防線乃是最「堅不可摧」、「牢不可破」的。

因為我們耶穌，祂乃是集「祭司-君王-先知」於一身的彌賽亞，祂是 以色列的彌賽亞、猶太人的王 [2]。

三、 抄錄律法書

在<審判官>這段妥拉裡，經文提到一件很重要的事情，那就是:作為一個「領導-統御」者，如果想要擁有「管理的智慧、正確的決策、公平正義的審斷」，一個首要的前提就是，要好好學習並研讀神的「律法/妥拉」(תּוֹרָה)，這一套耶和華神藉摩西所傳給以色列百姓的「成聖」生活指南。申 17:18-19：

『他登了國位，就要將祭司利未人面前的「這律法書/妥拉 (הַתּוֹרָה הַזֹּאת)」，為自己抄錄一本，存在他那裏，要平生誦讀，好學習敬畏耶和華－他的上帝，謹守遵行「這律法書/妥拉 (הַתּוֹרָה הַזֹּאת)」上的一切言語和這些律例。』

---

[2] 『當希律王的時候，耶穌 生在猶太的伯利恆。有幾個博士從東方來到耶路撒冷， 說：「那生下來 作猶太人之王 的在哪裏？我們在東方看見他的星，特來拜他。」』馬太福音 2:1-2.

上面申 17:18-19 節所講的「**律法書**」，希伯來文就是「**妥拉**」(**תּוֹרָה**)

正如經文所說: **要抄錄一本、存在手邊、平生誦讀、敬畏神、並謹守遵行**，這，其實就是「得智慧」的秘訣:

> 『**敬畏耶和華 是 智慧 的開端，**
> **認識至聖者 便是 聰明。**』箴言 9:10

作王的，要抄錄一本律法書，放在手邊，時常閱讀，目的就是要王「敬畏」耶和華神，並「謹守遵行」神的律法和誡命，同時也讓王知道，在你的頂頭上，還有一位真正的大君王，就是耶和華神，所以你不可自高自傲，為所欲為。

這就是申 17:20 說的:
『**免得他向弟兄 心高氣傲，偏左偏右，離了這誡命。**』

在聖經裡，尤其讀到《列王記》，當經文要為某一個王「蓋棺論定」的時候，幾乎都一定會提到這兩句話:

第一句話:某某王 行 **耶和華眼中** 看為 **正** 的事，
第二句話:某某王 行 **耶和華眼**中 看為 **惡** 的事。

什麼叫行耶和華神眼中「看為正」的事，其實就是「**謹守遵行**」神律法 的事，這樣的王，就是被耶和華神看為「好的王」；反之，如果「不行」或甚至「**偏離-廢棄**」神律法的王，當然就是行耶和華眼中看為惡的「壞王」。

以色列國後來之所以分裂，又相繼被亞述帝國及巴比倫帝國所滅，其根本的原因就是因為 **以色列的王「沒有」謹守遵行神的律法，「離棄」耶和華神**，惹動了神的憤怒，招來了「咒詛-懲罰」，最終導致「國破家亡，流亡四處」的悲劇和慘況。

所以，當以斯拉和尼希米可以再次回歸以色列，回到耶路撒冷，並重修聖殿的時候，**第一件「首要恢復」的，就是「神的律法」**，他們號召並帶領百姓，要再次回到耶和華神的面前，與神「重新立約」。

在利未記第十段妥拉<在我的律例>篇的第三段信息<耶穌與律法>，筆者分享過尼西米記第八章那個感人肺腑的「重大時刻」，這是被擄到巴比倫的猶太人「首度回歸」到耶路撒冷，來到這座由所羅巴伯領導下所重建修復的聖殿前，**由文士以斯拉向以色列會眾宣讀耶和華神的「律法書(妥拉)」**的場景，尼希米記 8:1-3,8-9:

『到了七月,以色列人住在自己的城裏。那時,他們如同一人聚集在水門前的寬闊處,請文士以斯拉,將 耶和華藉摩西傳給以色列人的 **律法書(妥拉)** 帶來。2 七月初一日,祭司以斯拉將這 **律法書(妥拉)** 帶到聽了能明白的男女會眾面前。3 在水門前的寬闊處,從清早到晌午,在眾男女、一切聽了能明白的人面前讀 這 **律法書(妥拉)**。眾民側耳而聽。8 他們清清楚楚地念上帝的 **律法書(妥拉)**,講明意思,使百姓明白所念的。9……眾民聽見 **律法書(妥拉)** 上的話都哭了。 』

是的,這些「被擄歸回」的以色列百姓,經歷過「國破家亡-流亡異鄉」,當他們再次「回到」耶路撒冷,在這座重新修建的聖殿前,細細地聆聽著 **神的律法書**,也就是「妥拉」的時候,百姓靈裡「甦醒」,甚至「激動哭泣」,因為他們知道,他們因為「離棄神」,丟棄了「神的律法」,所以才導致以色列國的滅亡,但如今,因著神的「守約-施慈愛」,他們蒙了耶和華神的大恩,經歷了「重建-歸回」。這樣的「重建-歸回」不僅是身體的,也是靈命的。

『耶和華的律法 (妥拉) 全備,

能使人 **甦醒**。(或譯:使人的靈 **回轉** 向神,並再次更新)。』詩篇 19:7

תּוֹרַת יְהוָה תְּמִימָה
מְשִׁיבַת נָפֶשׁ

## 四、「珍視生命」的妥拉

耶和華神所設立的「律法」,這是要來讓以色列百姓,將來進入迦南地生活「成聖」的最高指導原則,也就是「妥拉」,其實乃是一部「珍視-寶貴」人生命的寶典。

在<**審判官**>這段妥拉中,耶和華神設立三個「防範」措施,是要來「預防」有人的性命遭到「誤殺」,或因「誤判」而造成「冤獄」的情形,以及遭害的「無名屍」這個失去性命的「人」,也必須要用血債「去償還」,因為絕不能有任何「無辜人的血」流在以色列這塊聖地上面。前文講的這三項措施就是:

第一、**逃城** 的設立。申 19:1-7
第二、防範 **兇惡的見證人** 陷害他人。申 19:15-21

第三、為 不能斷定的 被殺害人 贖罪。申 21:1-9

首先、「逃城」的設立，在民數記的第十段妥拉<總路程>篇的第三段信息「冤冤相報何時了」筆者已有分享。「逃城」的設立，是要使『誤殺人的 逃到那裏 可以存活，定例乃是這樣：凡素無仇恨，無心殺了人的，.這人逃到那些城的一座城，就可以存活，免得報血仇的，心中火熱追趕他，因路遠就追上，將他殺死；其實 他不該死，因為他與 被殺的 素無仇恨。』申 19:4-6

所以「逃城」制度目的就是要預防雙方彼此「互相報仇」，也就是冤冤相報「何時了」的一種「惡性循環」的狀態。

因為耶和華神不希望將來以色列百姓進入到「應許之地」後，會有這樣社會的內部緊張和「彼此仇恨」的情況，以至於會有「無辜的人」遭殺害，或造成「不必要的」流血傷亡的事件發生，所以才吩咐摩西要設立「逃城」，澈底杜絕這種「冤冤相報」無止境循環的絕境。

第二、防範兇惡的見證人「陷害」他人，在申 19:15-21 這段經文中，申 19:16-19：

『若有 凶惡的見證人 起來，見證某人作惡，...<審判官>要細細地查究，若見證人果然是 作假見證的，以假見證 陷害弟兄，你們就要待他如同他想要待的弟兄。這樣，就把 那惡 從你們中間 除掉。』

這段經文，摩西以「非常嚴厲」的口吻告訴這群即將過河，進入迦南的以色列百姓，就是將來在「應許之地」的生活，絕對不容許有「作假見證」的人起來去「陷害-誣告」他人，因而造成無辜的人「受害」甚至「冤屈而死」，以致流了「無辜人的血」。

若有這樣的情事發生，必須要殺雞儆猴，就要把「這惡」、或是這個「凶惡的」見證人除掉，以防止和杜絕這樣「不法」的事情再次發生。這就是申 19:20 所說：『別人聽見 都要害怕，就不敢 在你們中間 再行這樣的惡 了。』

第三、為不能斷定的被殺害人「贖罪」的條例，在申 21:1-9 的經文段落，申 21:1-4：

『在耶和華－你上帝所賜你為業的地上，若遇見 被殺的人 倒在田野，不知道是誰殺的，看哪城離被殺的人最近，那城的長老就要從牛群中取一隻 未曾耕地、未曾負軛 的 母牛犢，把母牛犢牽到流水、未曾耕種的山谷去，在谷中 打折 母牛犢的頸項。』

這段經文讓我們看到，耶和華神「珍視-顧惜」每一個人的性命的心意，因為就算是「無名屍」，或是「找不到兇手」的殺人案件，神也要以色列百姓為這個「**無辜流血之人**」的生命，來替這個死者作一個「**血價償還**」的動作，意思是說，這個人「所流的血」絕對不是「沒有價值」的，不是「憑白無故地」就這樣流掉了。

最後，眾長老要說 『我們的手 **未曾流這人的血**；我們的眼也未曾看見這事。耶和華啊，**求祢赦免 你所救贖的** 以色列民，不要使 **流無辜血的罪** 歸在你的百姓以色列中間。這樣，流血的罪 必得赦免。申 21:7-8

這個耶和華神所制定「**流無辜之人的血債**」「**要償還**」的聖法，乃是因為，若「不償還」的話，這地就會「被污穢」，會變的「不潔淨」，以至於這個流血的罪，就會歸到以色列「全體百姓」之中。

所以，以色列百姓「必須遵守」為不能斷定的被殺害人「贖罪」的條例：

『這樣，你們就 **不污穢** 所住之地，因為 **血 是污穢地的**；若有在地上流人血的，非流那殺人者的血，那地就不得潔淨。你們 **不可玷污** 所住之地，就是 我 (耶和華) 住在其中之地，因為 **我－耶和華住在以色列人中間**。』民數記 35:33-34

# 五、「體恤人性」的妥拉

『你出去與仇敵爭戰的時候，看見馬匹、車輛，並有比你多的人民，不要怕他們，因為 **領你出埃及地** 的耶和華－你的上帝 與你同在。…不要膽怯，不要懼怕戰兢，也不要因他們驚恐；**因為耶和華－你們的上帝 與你們同去，要為你們與仇敵爭戰，拯救你們**。』申 20:1-4

在申命記第一段妥拉<話語>篇的第五段信息「為你征戰的神」已經分享過，耶和華神是會「為以色列征戰」的神，其實在整部妥拉當中，摩西都一再地告訴百姓，叫他們不要膽怯、不要害怕，因為耶和華神，是一位會「與你們同在」，「一起爭戰」的上帝。

不過，來到申命記第五段妥拉<**審判官**>篇這裡，耶和華神因著「體恤、顧念」到百姓的「需要-軟弱」，所以就告訴摩西，有底下四種人是可以「豁免」戰爭的

徵集令，不需上戰場打仗的。

第一、是「剛蓋好」房子，「新居落成」的家主，申 20:5：『官長也要對百姓宣告說：『誰 建造房屋，尚未奉獻，他可以回家去，恐怕 他陣亡，別人去奉獻。』

這個剛新居落成的屋主，此時若被徵召上前線打仗，「離開」這個他所剛建造好的新房子，肯定「不能專心」好好地打仗，因為他會「顧念」他的新屋，更害怕別人把他的屋子「拿去住」，所以他可以豁免打仗。

第二、可以豁免的人是 剛辛苦栽種完「葡萄園」的人，申 20:6：『誰 種葡萄園，尚未用所結的果子，他可以回家去，恐怕 他陣亡，別人去用。』

剛種好葡萄園的人，如果被叫去打仗，他也沒辦法專心在戰事上，因為他肯定滿腦子都在想他流血流汗「所栽種」的葡萄園，如果他戰死在沙場上，別人就可以「撿現成」，直接「接管-享用」他的葡萄園，這樣，這個人一定「死有不甘」，「懷著憂憤」而死。

第三、是 剛訂婚的人，申 20:7：『誰聘定了妻，尚未迎娶，他可以回家去，恐怕他陣亡，別人去娶。』

剛訂婚的人，這樣的男人，要他「離開」這個準備要和他一起過「甜蜜新婚」生活的愛妻，這更是痛苦悲傷，這樣的人要他上場打仗更是困難，因為他一定無時不刻都在思念他的妻子，所以這種情況下，肯定是要給這類人豁免。

最後、就是「膽怯-害怕」的人，申 20:8：『官長又要對百姓宣告說：『誰 懼怕膽怯，他可以回家去，恐怕 他弟兄的心 消化，和他一樣。』

膽怯害怕的人可以被豁免，不用參與戰事，這有實際的考量，因為打仗，高昂的「戰鬥士氣」絕對是勝利的一個必要前提，所以，不要讓「膽怯-害怕」的人一同參與戰鬥，免得影響甚至削弱了部隊的「士氣軍心」。

總結一下，四種可以豁免戰事的人有：
第一、「新居落成」的家主。
第二、剛辛苦栽種完「葡萄園」的人。
第三、剛「訂婚」的男人。
第四、「膽怯-害怕」的人。

是的，這就是神的「律法」和神的「心意」，我們的神乃是一位會「體恤」人的

上帝，祂「顧念」到我們「最真實的」需要和軟弱，正如哥林多前書 10:13 所說：

『你們所遇見的試探，無非 是人所能受的。
神是信實的，**必不叫你們受試探** 過於所能受的，
在受試探的時候，總要給你們 **開一條出路**，
叫你們 **能忍受得住。**』

上帝，祂「顧念」到我們「最真實的」需要和軟弱，正如哥林多前書 10:13 所說：

## 問題與討論：

1. 本段妥拉的「標題」為什麼取<**審判官**>(שֹׁפְטִים)一詞？ <**審判官**>的角色和職責是什麼？ 以及為什麼他會如此重要？

2. 在<審判官>這段妥拉中，經文首次「並列-出現」三種重要的職分和角色，請問這三項職分各是什麼？ 耶和華神設立這三種人，目的是要防範什麼？ 最後，以色列的哪一位，他將會集「這三種職分」於一身來替以色列代贖，並拯救以色列？

3. 在<審判官>篇這段妥拉裡，經文提到一件很重要的事，就是: 作為一個「領導-統御」者，如果想要擁有「管理的智慧、正確的決策、公平正義的審斷」，一個首要的前提是什麼，這位王需要做什麼？

4. 在第四段信息「**珍視生命** 的妥拉」一文中提到，耶和華神設立三個「防範」措施，是要來「預防」有人的性命遭到「誤殺」，或因誤判而造成「冤獄」的情形發生，以及遭害的「無名屍」這個失去性命的「人」，也必須要用血債「去償還」……等等的條例和聖法，請說明這三個「防範」措施，以及耶和華神設立這些聖法「背後的精神」為何？

5. 在<審判官>這段妥拉中，耶和華神因著「**體恤、顧念**」到百姓的「需要-軟弱」，所以告訴摩西，有四種人是可以「豁免」戰爭的徵集令，不需要上戰場打仗的，請問是哪四種人？ 以及，耶和華神為何會豁免這四種人？ 並且從這樣的豁免可以看到耶和華神是一位怎麼樣的上帝？

# 申命記 No.6 妥拉

# <出去>篇（פרשת כי תצא）

**本段妥拉摘要：**

申命記第六段妥拉，標題<出去>，希伯來文(כי-תצא)。正如標題<出去>，這段妥拉的經文篇幅就是在講述，當一個人<出去>在外時，所要遵行的「行為準則」和「生活規範」有哪些。

譬如<出去>征戰時，男人要「保守」自己的眼目，不要看到漂亮的女人就想帶回家，另外，征戰時，要特別保持戰鬥營地內的「聖潔」，因為若「不聖潔」，神「不會」與以色列人一同征戰，如申 23:14 說：『因為耶和華－你的上帝常在你營中行走，要救護你，將仇敵交給你，**所以你的營 理當聖潔**，免得他見你那裏 **有污穢，就離開你。**

再來，<出去>到野外，看到有母鳥臥在鳥巢上，耶和華神告誡以色列人，不可以把母鳥和幼鳥全部拿走，使這一隻鳥的一整個家族全部滅絕。申 22:6-7：『你若路上遇見鳥窩，或在樹上或在地上，裏頭有雛或有蛋，母鳥伏在雛上或在蛋上，**你不可連母帶雛一併取去。**總要 **放母**，只可取雛；這樣你 就可以享福，日子得以長久。』由此可見，我們的神也是一位「**動物保育**」的上帝。

最後，<出去>，若遇到孤兒寡婦、貧窮者等這些弱勢的人，神也要告誡以色列人，要「顧念-憐憫」他們，要伸手搭救，留一條活路給他們。申 24:19-21：『你在田間收割莊稼，若忘下一捆，不可回去再取，**要留給寄居的 與 孤兒寡婦。**你打橄欖樹，枝上剩下的，不可再打；**要留給寄居的 與 孤兒寡婦。**你摘葡萄園的葡萄，所剩下的，**不可再摘；要留給寄居的 與 孤兒寡婦。**』

是的，我們的神是一位會特別照顧弱勢者的神，祂是「慈悲」的天父，祂總是會「顧念-體恤」到這些軟弱的、貧窮的人。

## 申命記 No.6 妥拉 ＜出去＞ 篇 （פרשת כי תצא）

經文段落:《申命記》21:10 - 25:19
先知書伴讀:《以賽亞書》54:1-10 [1]
詩篇伴讀: 32 篇
新約伴讀:《馬太福音》5:27-30、《哥林多前書》5:1-5

## 一、 眼目的情慾

申命記第六段妥拉標題＜出去＞。經文段落從申命記 21 章 10 節到 25 章 19 節。
＜出去＞這個標題，在申 21:10：

『**你出去** 與仇敵爭戰的時候，
耶和華－你的上帝將他們交在你手中，你就擄了他們去。』

**כִּי-תֵצֵא** לַמִּלְחָמָה עַל-אֹיְבֶיךָ
וּנְתָנוֹ יְהוָה אֱלֹהֶיךָ בְּיָדֶךָ וְשָׁבִיתָ שִׁבְיוֹ

這段妥拉的標題: ＜你出去＞ (**כִּי-תֵצֵא**) 就是希伯來經文申 21:10 的第一和第二個
字，這個詞組 (**כִּי-תֵצֵא**) 就是申命記第六段妥拉的標題。

＜你出去＞，或翻譯的比較完整一點，就是＜當你出去時＞。

這段妥拉一開始提到，以色列男丁＜出去＞征戰發生的狀況，＜出去＞打仗打贏，
俘擄了些人，但若在俘擄的人中，申 21:11：

『若在被擄的人中見有 **美貌的女子**，戀慕她，要娶她為妻，』

這時候就要小心謹慎，這個以色列男丁，必須要加設一個月的「緩衝期」，這個
緩衝期目的是要保護這個以色列人,讓他不要因著「一時的衝動」、「**眼目的情慾**」，

---

[1] 按猶太曆及猶太人妥拉讀經進度，在聖殿被毀日到吹角節中間的「七個」安息日，會有七份帶
有「安慰」信息的先知書伴讀經文，本段妥拉的先知書伴讀 以賽亞書 54:1-10 為第五份「安
慰」信息。

就把這個「外邦-被俘擄」的女子「帶回家」，以免帶回家後，後面衍伸出許多的問題。

接續 11 節，申 21:12-13 這段經文講到，若有以色列男丁，想要娶被擄的女子為妻的話：

『就可以領她到你家裏去；**她便要 剃頭髮，修指甲，脫去 被擄時 所穿的衣服，**住在你家裏哀哭父母 **一個整月**，然後可以與她同房。你作她的丈夫，她作你的妻子。』

這段經文，其實是一個「保護」措施，目的在讓這個想要娶被擄女子為妻的以色列人「看清楚」這個女人「本來的」樣貌，然後也在這「一個月」的時間「**冷靜下來**」，好好思想和沉澱，絕不要因為只是這個女子的「貌美」，因著一時「**眼目的情慾-衝動**」就想要把她帶回家。

但若真帶回家，經過一個月的「冷靜期」，這位以色列男子還是決意要娶這個女子為妻的話，那接下來可能會「**衍生出**」的相關 **(家庭)** 問題，其實就是申 21:15 接下來要討論的狀況了：

申 21:10-14 **女戰俘** 的條例、
申 21:15-17 **長子繼承權**、
申 21:18-21 **頑梗悖逆之子** 的處置。

其實上面這三段經文是環環相扣下來，彼此有相互的緊密關聯性，因此，若這樣來理解經文，那麼在申 21:15-17 這段經文所提到的「**長子繼承**」問題，以及申 21:18-21 提及的「**頑梗悖逆之子**」的情況，這兩個情形，正是由於一開始在申 21:11 的這位以色列的男子，他在被擄的人中「看見」有「美貌」的女子，戀慕她，要娶她為妻時，所一路發展下來的故事和劇情。

申 21:10-21 這段經文做出這樣的發展和鋪陳，目的就是要嚴正告誡以色列人，當你們外出、<出去>征戰打仗時，要「警醒」，不要打贏戰爭，就幸災樂禍，放鬆，**放縱情慾**，帶了個被擄的女子「回家」，結果「節外生枝」，後續「衍生出」許多問題，婚姻問題、家庭問題、甚至是孩子教育的問題等等。

> 『你要 保守你心，勝過保守一切，
> 因為 一生的果效 是由心發出。』箴言 4:23

是的，當我們<出去>征戰時，求神「特別保守」自己的「眼目」和我們的「心

思意念」。

因為最大的、真正的「戰場」，就在我們每一個人的心中。

二、 動物保育

『義人 看顧 他的 牲畜的 生命。』箴言 12:10

來到申命記的第六段妥拉<出去>篇當中，我們特別發現到，在耶和華神向以色列所頒布的「律法」中，涵蓋的層面包括生活的的「各個」面向，有個人的、婚姻的、家庭的、教育的、社會的、倫理道德的、經濟的、宗教的、政治的，除了這些之外，甚至還包括「動物保育」的議題，也就是說，神不只關注人，祂也「關注-照護」到動物，神要以色列人也「保障」動物的基本「生存需求」以及「尊嚴」。

下面，來看幾處經文：

第一、『你若路上遇見鳥窩，或在樹上或在地上，裏頭有雛或有蛋，母鳥伏在雛上或在蛋上，**你不可連母帶雛一併取去**。總要 **放母**，只可取雛；這樣你就可以享福，日子得以長久。』申 22:6-7

這段經文是在教導百姓，你們對待動物不可以狠心殘忍、「趕盡殺絕」，**總要留一條「生路-活路」，讓這隻母鳥的「品種」，還可以繼續「繁衍-孕育」**下去，不至「絕種-滅種」。從這裡就可以看出耶和華神對於「生態保育」的看重。

第二、『牛在場上踹穀的時候，不可籠住 牠的嘴。』申 25:4

這節經文是在告誡以色列人，當你們將來過了約旦河，得地為業開始耕種後，若是使用牛隻幫忙你們「踹穀或犁田」時，**不要用牛籠去「套住-拴住」牛的鼻子**

因為「牛籠」這個器具，套在牛鼻上的目的是要使牛賣力辛苦的工作，但在工作的同時，卻又「強迫禁止」牠們吃禾場上的稻穀。

事實上，套著牛籠的牛很可憐，因為當牠們在賣力耕田時，呼吸量會增加，但因為嘴巴沒辦法打開來幫助呼吸，就只能用嘴角的細小孔隙來呼吸，以致會一邊喘氣，一邊嘴角起著泡沫，會邊走，邊流唾液。

耶和華神「不要」以色列百姓，這樣「無情對待」這些工作的牛隻，神要人「尊重」動物基本「飲食-生活」的權利，所以才頒布這條律法，就是：當牛在禾場上踹穀-工作時，不可籠住 牠的嘴，要讓牠們可以「即時」分享「當下」工作的「成果」。

其實，申 25:4 的這個「不可籠住」牛的嘴誡命，和申 23:24-25 有一個彼此對應，看申 23:24-25 這段經文：

『你進了 鄰舍的葡萄園 (工作)，可以隨意吃飽了葡萄，只是不可裝在器皿中。你進了 鄰舍站著的禾稼 (工作)，可以用手摘穗子，只是不可用鐮刀割取禾稼。』

這段經文的語意上，指的是進去葡萄園、和禾場裡「工作」，而這些工作的人，耶和華神允許他們 可以吃「當下勞碌」所得的。

是的，總結上述可知，我們的神就是一位這樣會「憐憫」人，「體恤」人的上帝，祂不僅照護到人，祂也「關注」到動物，**神知道動物有「感覺」，甚至也有「感情」**，所以人，也要尊重動物的感受，不可以隨便殘忍地對待。

如果說，耶和華神要以色列人就連在「對待動物」上，都必須要保持一顆「體恤-關懷」的心腸，那麼，在「對待他人」的時候，就「更應該」要體恤到他人、關照到別人。

因此，「不可籠住」牛的嘴這條誡命，來到新約聖經，就被作者拿來引申出：**做工的，該得當得的工價和獎賞** 這樣的主題信息。哥林多前書 9:9-10：

就如摩西的律法/妥拉記著說：『牛在場上踹穀的時候、**不可籠住他的嘴**。』難道神所掛念的是牛麼，不全是為我們說的麼，**分明是為我們說的**，因為耕種的 **當存著指望** 去耕種．打場的也 **當存得糧的指望去** 打場。」

　　因為經上 (申 25:4) 說『牛在場上踹穀的時候、**不可籠住** 他的嘴。』
　　　　　　　　又說『**工人得工價** 是應當的。』提摩太前書 5:18

是的，我們的神，祂創造生命，也愛惜生命，祂更要人去「尊重生命」，尊重每一個生命「生活」的基本權利，不論是人或動物。

## 三、 在你營中行走

耶和華神很在意「**聖潔**」這件事，因為聖潔，乃是神「**與我們同在**」，使我們「**征戰得勝**」的一個必要前提。

在民數記第二段妥拉<數點>篇的第三段信息「全營成為聖潔」的段落中，筆者已經分享過這個主題，現在來到申命記第六段妥拉<出去>篇，耶和華神仍然繼續告誡以色列百姓這項真理的重要性。申 23:14：

『因為 耶和華－你的上帝，**常在你營中 行走**，
要 **救護你**，將仇敵交給你，
所以 你的營，理當 **聖潔**，
免得他見你那裏 **有污穢**，就 **離開你**。』

כִּי יְהוָה אֱלֹהֶיךָ **מִתְהַלֵּךְ** **בְּקֶרֶב** מַחֲנֶךָ
**לְהַצִּילְךָ** וְלָתֵת אֹיְבֶיךָ לְפָנֶיךָ
**וְהָיָה מַחֲנֶיךָ קָדוֹשׁ**
וְלֹא-יִרְאֶה בְךָ **עֶרְוַת** דָּבָר וְשָׁב מֵאַחֲרֶיךָ

在上面這節經文中提到，耶和華神常在你營中「行走」(**מִתְהַלֵּךְ**)，這是一個具有「動作性」的主動分詞，沒有時態。從現代希伯來文的文法來看，是一個動詞的「現在式」，表示「當下、當前」的行走，而且具有「不斷持續地」「來回走動」的意味。

這表示，在你們百姓所居住的生活環境中，不管是裡裡外外，居家或工作，公共或隱私，你都要謹慎、要「**自潔-聖潔**」，因為神在每分每秒、每時每刻的「**當下**」，都在「**四處**」巡視，在「**鑒察-監督**」你，但同時也是「**看顧-保護**」你。

因為，「神同在」的前提就是: 你要「**聖潔**」，不可有「**污穢**」。在申 23:14 經文中「**污穢**」(**עֶרְוַת**) 這一詞，更清楚地來說，指的就是「下體-生殖器」，或更清楚的說是下體的「裸露」。

從申 23:14 這節經文的前後文來看，這裡在講述，當以色列百姓的男丁要出去打仗時，耶和華神告誡這些男人，你們不可以因為進入「戰爭」狀態，就可以隨便放蕩、胡作非為，燒殺擄掠、搶劫「姦淫」。正如在人類歷史上所經常看到的，當發生戰爭時，往往就是人類進入到一種「**毫無**」倫理道德的、「**野蠻**」獸慾的

「發洩-混亂」的恐怖狀態。

所以在申 23:9-10 這段經文才會這樣說：

> 『你出兵攻打仇敵，就要 **遠避諸惡**。
> 你們中間，若有人夜間偶然 **夢遺，不潔淨**，
> 就要出到營外，**不可入營**。』

回到申 23:14 這節經文，最後的警告就是，若耶和華神時時刻刻、四處巡行，在你們營中「鑒察-守護」的過程中，發現你們「有污穢」、有性道德敗壞的罪惡、肉體淫亂的「不聖潔」，那麼， 神的「**保守-護衛-同在**」會「**離開**」你。

是的，耶和華神很看重「聖潔」，若我們沒有「活在-行在」聖潔的真理當中，神「不會」與我們同在，也「不會」與我們一同<出去>征戰。

最後，以彼得前書 2:5 節來作一個小結：

> 『你們來到主面前，也就像 **活石**，被建造成為 **靈宮**，做 **聖潔的祭司**，
> 藉著耶穌彌賽亞奉獻 **神所悅納** 的靈祭。』

# 四、 照顧弱勢

耶和華神所頒布的律法/妥拉，其實乃是一本特別會來「**照顧弱勢**」的律法書，從出埃及記、利未記、再到申命記，都會一再地看到，耶和華神透過摩西不斷地告誡以色列百姓，不可欺壓和苦待「弱勢者」，特別是那些在社會上「無依無靠」的人，譬如像是離家在外的異鄉「寄居者」、寡婦、孤兒、或是貧窮人。

底下就來看幾處經文：

在出埃及記第六段妥拉<典章>篇中，耶和華神首次告訴以色列百姓，「不可」苦待-虧負寄居者、孤兒、寡婦，出埃及記 22:21-24：

『不可虧負 寄居的，也 不可欺壓 他，
因為你們 在埃及地也作過寄居 的。
不可苦待 寡婦 和 孤兒；若是苦待他們一點，他們向我一哀求，
我總要聽他們的哀聲，並要發烈怒，用刀殺你們，
使你們的妻子為寡婦，兒女為孤兒。』

上面這段經文提到，因為你們「在埃及地也作過寄居的」，這句話在申命記常常出現，因為耶和華神要以色列人「永遠記住」成為「寄居者」被別人欺壓、苦待，甚至是奴役的「痛苦」，絕對「不能忘記」你們從前在埃及做過「寄居者」的「悲傷-痛苦」，所以你們成為「神的子民」之後，一定要按著神「公平-正義」的典章，來「特別照顧」這些寄居者。

如果你們這些領受「救贖-恩典」，進到應許之地後還「苦待-欺壓」寄居的、孤兒寡婦的話，那麼，耶和華神 (在經文中) 以非常嚴厲的口吻說道：『並要發烈怒，用刀殺你們，使你們的妻子為寡婦，兒女為孤兒。』

由此可見，耶和華神透過他所頒布的「律法-典章」來向以色列人表達出，神對於要特別照顧弱勢者的「決心」。

接著，論到貧窮人，出埃及記 22 章接續的經文，出埃及記 22:25-27：

『我民中有 貧窮人 與你同住，
你若借錢給他，不可 如放債的 向他取利。
你即或拿鄰舍的衣服作當頭，必在 日落以先歸還 他；
因他只有這一件當蓋頭，是他蓋身的衣服， 若是沒有，他拿甚麼睡覺呢？
他哀求我，我就應允，因為 我是有恩惠 的。』

再來到利未記，利未記 19:9-10：

『在你們的地收割莊稼，不可割盡 田角，也 不可拾取所遺落 的。
不可摘盡 葡萄園的果子，也 不可拾取 葡萄園 所掉的果子；
要留給窮人 和 寄居的。
我是 耶和華－你們的上帝。』

像這樣的「律法-誡命」，處處都表現出耶和華神那「大愛-慈悲為懷」的精神，耶和華神會「特別顧念」到這些「窮人-寄居」的，神要以色列百姓「遵守」這樣的條例，原因為他，只因為耶和華神就是一個「慈愛-憐憫」的上帝，當然也是因為 耶和華乃是「你們以色列人」的上帝。

接著利未記 23:15-22 提到，在這個做為「**收割**」初熟小麥的「收割節」，也就是「七七節」(五旬節) 的時候，耶和華神告訴以色列人，在「收割」作物時，要：

『在你們的地收割莊稼，**不可割盡** 田角，也 **不可拾取** 所遺落的；
要留給 **窮人** 和 **寄居的**。
我是 耶和華－你們的上帝。』利未記 23:22

這節經文，和利未記 19:10 一樣，最後，都會有一個 耶和華神「自己的署名」，說:『**我是耶和華－你們的上帝。**』這就表示我耶和華神非常「看重-在意」這件事。

最後來到申命記第六段妥拉<出去>篇，申命記 24:17-22 這段經文，基本上就是「再次重複」前面出埃及記、和利未記剛才我們所讀的經文內容，不過值得注意的是，在申 24:17-22 這段經文中，有一段話重複出現了兩次，就是：

『要記念你在埃及作過奴僕，所以我吩咐你這樣行』

來看經文，申 24:18, 22：

『**要記念你在埃及作過奴僕**。
耶和華－你的上帝從那裏將你救贖，所以 **我吩咐你這樣行**。』

『你也要 **記念你在埃及地作過奴僕**，
所以 **我吩咐你這樣行**。』

這裡，耶和華神之所以要以色列百姓「記念」這個先祖在埃及所經受的「痛苦」，目的不是要再次揭開這個民族創傷回憶的瘡疤，而是要以色列人，將來在應許之地上生活的時候，「不要去」欺壓-苦待甚至奴役寄居者，「**不要讓過去在埃及**」發生的悲劇和通苦「再次重演」，因為你們以色列人打從心底完全了解「**被壓迫**」是什麼樣的感覺，所以「**絕對不要**」去壓迫別人。

是的，「**記住-記憶**」不是為了『活在過去』，而是為了要『**防止過去重演**』。這就是「記憶」，在出埃及記、利未記和申命記，中成為一股強大「**道德力量**」來源的一個最主要因素了。

## 五、 不容仇敵攻擊

<出去>篇，或者說 <出去爭戰> 篇這段妥拉有一個很明顯「頭尾呼應」的結構。

起始處，申命記 21:10 前面一開始提到<出去戰爭>，若以色列男丁順著「眼目的情慾」，在被擄的人當中，見到有「外邦貌美」的女子想把她帶回家時，必三思而後行，因為這樣做會造成後面衍生出許多的「家庭」問題，也就是申 21:15-17 節和 21:18-21 節，這兩段經文段落所提到的「長子繼承」，和「頑梗悖逆的兒子」的家庭狀況，這些在第一段信息「眼目的情慾」已有分享。

所以，男人<出去>，<出去征戰>時，經常會遇到的一個「軟弱-要害」就是「女人-美色」。

來到這段妥拉「結尾」處又再次提到 <戰爭>。申 25:17-18：

> 『你要記念你們出埃及的時候，亞瑪力人在路上怎樣待你。
> 他們在路上遇見你，
> 趁你 疲乏困倦 擊殺 你儘後邊軟弱 的人，
> 並 不敬畏上帝。』

經文中說到，亞瑪力人趁你「疲乏困倦」，也就是看你「**軟弱**」，主動發動攻擊，去擊殺你的「**要害**」就是你「後邊軟弱」，那些「最沒有設防」和「最容易被攻擊」的人。

<出去>征戰篇這段妥拉，之所以「在最後」又提及過往亞瑪力人在以色列人出埃及時的「偷襲-攻擊」的慘痛教訓，目的就是要以色列百姓「**時常警醒**」，絲毫不能留下任何破口，並要 **特別注意自己的「軟弱-要害」**，因為仇敵攻擊，往往就是從我們「軟弱」的地方開始下手，並發動攻擊和破壞。

是的，魔鬼撒旦的攻勢來勢洶洶，只要一不警醒，就會成為攻擊的對象，所以我們：

> 『務要 **謹守、警醒，因為你們的仇敵魔鬼**
> **如同吼叫的獅子，遍地遊行，尋找 可吞吃的人。』**彼得前書 5:8

再回到<出去>征戰篇，這段妥拉的最後一節，申 25:19：

『所以耶和華－你上帝使你不被四圍一切的仇敵擾亂，
在耶和華－你上帝賜你為業的地上 得享平安。
那時，你要將亞瑪力的名號 從天下塗抹了，
不可忘記。』

這段妥拉最後的告誡就是，**不給仇敵留任何地步，不讓他們有攻擊的任何機會**，不要使「自己的軟弱」成為被攻擊的「破口」，唯一的辦法就是，要「**與神一同**」征戰，並「**徹底杜絕**」魔鬼撒旦的「誘惑」，最後「**完全殲滅**」牠們，就如經文所說，要將亞瑪力的名號，也就是「仇敵-魔鬼-撒旦」從天下「都塗抹」了，不可忘記。

最後，用以弗所書 6:10-13 這段經文來彼此勉勵：

『你們要 靠著主，倚賴祂的大能大力 作 剛強的人。
要穿戴 上帝 所賜的 全副軍裝，就能抵擋魔鬼的詭計。
因我們並不是與屬血氣的爭戰，
乃是與那些執政的、掌權的、管轄這幽暗世界的，以及天空 **屬靈氣的惡魔** 爭戰。
所以，要拿起 上帝 所賜的 全副軍裝，
好在磨難的日子 **抵擋仇敵**，並且成就了一切，還能站立得住。』

## 問題與討論：

1. <出去>篇這段妥拉，經文用很具體的情境來描繪<出去征戰>時要注意自己「**眼目的情慾**」。從開篇的申 21:10-14 的「女戰俘條例」、到申 21:15-17「長子繼承權」、再到申 21:18-21 的「頑梗悖逆之子」的處置，這三段經文有何關係？ 為何是一段緊接著一段，環環相扣敘述下來的？

2. 在<出去>篇這段妥拉看到，神不只是關注人，祂也關注-照護到 **動物**，神要以色列人也「保障」動物的基本「生存需求」及「尊嚴」，請在這一段妥拉中找出 **動物保育** 的相關經文內容，以及去思考為什麼耶和華神要人去「尊重」動物基本「飲食-生活」的權利。

3. 我們每個人都希望也想要「神在我們當中」，與我們同在，神「**在我的營中行走**」，但若是要神「與我們同在」，並且使我們得以「征戰得勝」這有一個必要前提，這個前提，或者說 (神的) 要求是什麼？

4. 申 24:17-22 這段經文，基本上是「再次重複」前面出埃及記 22:21-27、和利未記 19:9-10 的內容，不過值得注意的是，在申 24:17-22 這段經文中，有一段話重複出現兩次，請問這段話的內容是什麼？ 它有什麼深刻的意涵和重要性？

5. <出去篇>或者說<**出去爭戰**>篇這段妥拉有一個很明顯「頭尾呼應」的結構，起頭和結尾的地方，都不約而同地提到了什麼事情？ 另外，仇敵的攻擊往往會從什麼地方開始下手，並發動攻擊和破壞？

# <進來>篇（פרשת כי תבוא）

## 本段妥拉摘要：

申命記第七段妥拉，標題叫<進來>篇，希伯來文(**כִּי-תָבוֹא**)。這段妥拉開篇經文，就是講到以色列百姓準備要<進去>應許之地居住的事情，申 26:1：『<你進去>得了耶和華－你上帝 所賜你為業之地 居住。』

<進去-進來>到迦南地，得地為業後，以色列百姓最要「警戒在心」的一件的情就是，要「盡心-盡性」，「謹守-遵行」神的律例、典章、誡命，並且「認」耶和華為「你生命中」的救主上帝，「承認」祂在你生命中的「主權」，這樣，耶和華神就會使你超乎祂所造的萬民之上，

這就是申 26:16-19 這段經文所說：

『耶和華－你的上帝今日吩咐你行這些律例典章，所以你要 **盡心盡性謹守遵行**。你今日認 **耶和華為你的上帝**，**應許遵行祂的道**，謹守祂的律例、誡命、典章，**聽從祂的話**。耶和華 今日照他所應許你的，**也認你為祂的子民**，使你謹守祂的一切誡命，又使你得 **稱讚、美名、尊榮**，超乎祂所造的萬民之上，並照祂所應許的使你 **歸耶和華**－你上帝為 **聖潔的民**。』

另外，以色列百姓<進來>應許地後，若「犯罪-敗壞-違約」，那麼他們也會從這地，被耶和華神「趕出去」，「被吐出」去，並且『被分散在萬民中』。正如申 28:64 所說：

『耶和華必使你們 **分散在萬民中**，
從地這邊到地那邊 』

最後，<進來>篇這段妥拉的結尾，最後一節經文，申 29:9 這樣「總結」道：

『所以你們要 **謹守遵行這約的話**，
好叫你們 **在一切所行的事上亨通**。』

## 申命記 No.7 妥拉 <進來> 篇（פרשת כי תבוא）

經文段落:《申命記》26:1 - 29:9
先知書伴讀:《以賽亞書》60:1-22 <sup>1</sup>
詩篇伴讀: 51 篇
新約伴讀:《羅馬書》11:1-15、《以弗所書》1:3-6、《啟示錄》21:10-27

# 一、 一個「將亡」的人

申命記第七段妥拉標題<進來>。經文段落從申命記 26 章 1 節到 29 章 9 節。
<進來>這個標題，在申 26:1：

> 『 你進去 得了耶和華－你上帝所賜你為業之地居住，』
> וְהָיָה **כִּי-תָבוֹא** אֶל-הָאָרֶץ אֲשֶׁר יְהוָה אֱלֹהֶיךָ נֹתֵן לְךָ נַחֲלָה וִירִשְׁתָּהּ וְיָשַׁבְתָּ בָּהּ

這段妥拉的標題: <你進去> (**כִּי-תָבוֹא**) 就是希伯來經文申 26:1 的第二和第三個
字，這個詞組 (**כִּי-תָבוֹא**) 就是申命記第七段妥拉的標題。

<你出去>，或翻譯的比較完整一點，就是<**當你進來時**>，也就是<進來>到耶和
華神所賞賜給你們的應許之地後,你們以色列百姓記得要做的事情就是「要感恩」，
要帶禮物去獻給神，所以接下來申 26:2 的經文這樣說：

『就要從耶和華－你 **上帝賜你** 的地上將所收的 **各種初熟的土產** 取些來,盛在
筐子裏，**往耶和華**－你上帝所選擇 **要立為祂名的居所** 去，』

然後，更重要的是，你們每一個人，都絕對「不能忘記」你們本來是一群「**將亡
之人**」，但因著耶和華神的「守約」施慈愛，所以你們，這個以色列民族的「**性
命-血脈**」才能「延續至今」，以至於到現在，你們居然可以過約旦河，進入應許
地。

---

1　按猶太曆及猶太人妥拉讀經進度，在聖殿被毀日到吹角節中間的「七個」安息日，會有七份帶
　有「安慰」信息的先知書伴讀經文，本段妥拉的先知書伴讀 以賽亞書 60:1-22 為第六份「安
　慰」信息。

『我祖原是 一個將亡的亞蘭人，下到埃及寄居。

他 人口稀少，在那裏卻成了 又大又強、人數很多 的國民。』申 26:5

以色列這個民族，在人類歷史上，總是作為一個人口「稀少」的民族團體而存在，直到今天，猶太人佔全世界的總人口數也不到百分之二或百分之三。

再來，不論是昔日的以色列聯合王國，或現今復國後的以色列，以色列地所處的地理位置，這個連結「歐-亞-非」的交通「樞紐-中心」，從古時以來，就一直是各大帝國和政治強權「侵略-占領」的重要戰略的地理位置和領土。

所以，耶和華神把祂的子民，這群「弱小的」以色列百姓，放在這個「兵家必爭」的戰亂之地，目的是什麼，目的就是要 彰顯出耶和華神在以色列當中，所顯出「祂自己」的「大能-權柄-榮耀」。

『耶和華 專愛你們，揀選你們，並非因你們的人數多於別民，

原來你們的人數 在萬民中 是 最少 的。』申 7:7

你們這些經歷過「十災-出埃及-過紅海」以色列百姓，絕對「不能忘記」耶和華神曾在你們身上所施行的一切「神蹟-奇事」，耶和華神祂那「大能的手」和「伸出來的膀臂」，在你們身上行的一切「救贖」之工，這些事，你們要「世世代代」傳誦，要告訴你們的後代子孫，向世人「見證」耶和華神在你們以色列身上所行的「偉大-奇妙」事。[2]

所以，在講完「將亡的亞蘭人」後，經文立刻就提到「出埃及」的民族「重生」事件，申 26:6-8：

『埃及人惡待我們，苦害我們，將苦工加在我們身上。

於是我們哀求 耶和華－我們列祖的上帝，

耶和華聽見我們的聲音，看見我們所受的困苦、勞碌、欺壓，

祂就用 大能的手 和 伸出來的膀臂，並 大可畏的事 與 神蹟奇事，

領我們出了埃及。』

「出埃及」這件事之所以這麼重要，以至耶和華神要設立一個節期「逾越節」，要以色列人世世代代「永遠紀念」，這是因為「出埃及」向世人「見證」了：

---

[2] 這讓我們想到出埃及記 10:2 的經文，耶和華神說『並要叫你將我向埃及人所做的事，和在他們中間所行的神蹟，傳於你兒子和你孫子的耳中，好叫你們知道我是耶和華。』

第一、耶和華神不僅是「立約」的上帝，更也是「守約-信實」的主，因著與以色列先祖所立的「永恆盟約」，所以耶和華神在祂的子民遭難，遭遇「種族滅絕」時，神會不惜「一切代價」介入到人類歷史中「全力搶救」以色利。

第二、這位「希伯來人」的上帝: 耶和華神，是 **創造天地宇宙萬物** 的那一位獨一真神，正如外邦人葉忒羅為「出埃及」這件「偉大救贖」事跡上所作的見證: 葉忒羅說:『我在埃及人向以色列百姓發狂傲的事上得知: **耶和華 比萬神都大!** 』出埃及記 18:11

第三、一群奴隸，因著對未來的盼望、火熱的信心，和所為信仰付出的代價，居然可以戰勝一個大帝國，一個魔君:法老，最後走向自由，邁向成聖，到最後進入「神聖臨在」，神的會幕在人間，因為在出埃及記的最後一章 – 第四十章，即提到以色列在曠野第二年，就把「神同在」的居所:會幕，給豎立起來。

以色列-出埃及，這是何等巨大的「突破-更新」、戲劇化的「改變-翻轉」，本來是一群「什麼都不是」的奴隸，到最後，竟然成為了神「所看為寶貴」的兒女，然後還可以進入流奶與蜜的應許地。

雖然猶太人經歷「趕散-流亡」將近兩千年，但以色列復國的「奇蹟」，仍在訴說也見證著，這一群本來是「將亡的亞蘭人」的傳奇故事，因為這個故事，還沒結束。

## 二、　認你為神的子民

『耶和華—你的上帝今日吩咐你 **遵行** 這些律例和典章，你要 **盡你的心、盡你的性命**，謹守護衛 – 遵行實踐 它們。』申 26:16

הַיּוֹם הַזֶּה יְהוָה אֱלֹהֶיךָ מְצַוְּךָ **לַעֲשׂוֹת** אֶת-הַחֻקִּים הָאֵלֶּה וְאֶת-הַמִּשְׁפָּטִים
**וְשָׁמַרְתָּ וְעָשִׂיתָ** אוֹתָם בְּכָל-לְבָבְךָ וּבְכָל-נַפְשֶׁךָ

你要「盡心-盡性」，「謹守-遵行」神的律例、典章、誠命，像這樣的提醒和告誡，正是摩西在最後一個月，在新一代的以色列百姓過約旦河，前進迦南之前，常常會說的話。

摩西的意思是說，耶和華神在埃及用十災「擊打-粉碎」埃及帝國和法老，這樣「全力搶救」你們，為的就是要你們以色列百姓成為我耶和華「神的子民」。

如今，又經過<在曠野> 40 年的漂流，這 40 年你們以色列人也經歷許多的磨練、考驗，甚至是「失敗-挫折-小信」，現在總算要進入迦南地。所以，在你們過約旦河，得地為業後，務必「一定要」行走在神所規範「真理」的「正確道路」上，「**謹守遵行**」神的一切律例、典章、法度、和誡命。

因為這位耶和華神，祂絕對是一位會「**認真**」的上帝:

當你「對神認真」的時候，那麼同樣的，神也會「對你認真」，
當你「在意看重」神的時候，那麼同樣，神也會「在意看重」你。

這就是申 26:17-18 所說的：

『你今日認 耶和華 為你的上帝，
應許 **遵行** 祂的道，**謹守** 祂的律例、誡命、典章，**聽從** 祂的話。
耶和華今日照他所應許你的，**也認你為祂寶貴的子民**，
會謹守祂的一切誡命 (來保守-護衛你們，使你們得豐盛)。』

其實，耶和華神之所以要把以色列百姓「帶進」應許之地:迦南地，神的目的和心意，是要他們在以色列地「活出使命」，「進入命定」，也就是要成為『祭司的國度、聖潔的子民。』

這就是出埃及記 19:6，當以色列百姓來到西奈山，「初次」和耶和華神「相會面」，要和以色列百姓「立約」的時候所說的：

『你們要 **歸我** (耶和華神) 作 祭司的國度，為 聖潔的國民。
這些話你要告訴以色列人。』

所以，以色列人得地為業後，要在應許地上，按著神所頒布的典章-律例「活出」這「尊榮」的身分，以色列人，要成為「列國的光」，如以賽亞書 49:6 說：

『我還要使你 作列邦的光。』
וּנְתַתִּיךָ לְאוֹר גּוֹיִם

回到申命記 26 章，摩西告訴這群即將過約旦河的以色列人說: 如果你們「認」耶和華為「你們的上帝」，應許「遵行」祂的道，「謹守」祂的律例、誡命、典章，

也「聽從」祂的話，那麼，耶和華神祂是一位「認真」的上帝，祂是一位「信實」的神，一位「言出必行」的「活神」，耶和華神會照祂所向你們以色列百姓所「起誓應許」的一切豐盛、祝福、尊榮「完全成就」出來，**成就在你們身上。**

這就是申 26:19 說的：

『又使你 **得稱讚、美名、尊榮**，超乎他所造的萬民之上，
並照他所應許的 **使你歸耶和華－你上帝 為 聖潔的民**。』

וּלְתִתְּךָ **עֶלְיוֹן עַל כָּל-הַגּוֹיִם** אֲשֶׁר עָשָׂה לִתְהִלָּה וּלְשֵׁם וּלְתִפְאָרֶת
וְלִהְיֹתְךָ עַם-קָדֹשׁ לַיהוָה אֱלֹהֶיךָ כַּאֲשֶׁר דִּבֵּר

三、 寫在石頭上

『我兒，要謹守你父親的 **誡命**；不可離棄你母親的 **法則** (妥拉)。
要常繫在你心上，掛在你項上。』箴言 6:20-21

在<進來>篇這段妥拉，也就是以色列百姓準備要過約河，<進來>到迦南地前，摩西先行告誡並嚴重地聲明，將來過河之後第一件「首要當做」的事情就是，要把神的律法，律法中的一切話，「書寫-銘刻」在石頭上。申 27:2-3,8：

『你們過約旦河，到了耶和華－你上帝所賜給你的地，當天要立起幾塊大石頭，墁上石灰，把 **這律法(妥拉)** 的 **一切話 寫在石頭上**。你要將 **這律法(妥拉)** 的 **一切話 明明地寫在石頭上**。』

把神的律法，神的話，「寫在石頭上」這個動作，其實意義非常深刻。

如果說有什麼字或是話語和一些事情，必需要「**刻在石頭上**」，成為這個所謂的「碑文」的話，那這就表示說，這些話和這些事物是「非常重要」，必須要「**永遠記住-不能遺忘**」的事情和記錄，以至於它需要被寫「在石頭」這個非常堅固，「不會腐朽」的物質媒介上面。

神的話，要寫在石頭這個「堅固-不腐朽」的東西上，其實意思也就是說，我們

要把神的話「刻在心版」上,「寫進」我們的生命中,使我們能將神的律法「銘記在心」。

說到這裡,就想到,耶穌在馬太福音 13 章提到「撒種」的比喻,耶穌說「神的道」,就好像是農夫撒的「種子」,撒在四種人的身上,各自會帶出不同的結果:

1. 有落在路旁的。
2. 有落在土淺石頭地上的。
3. 有落在荊棘裏的。
4. 又有落在好土裏的,就結實的,有一百倍的,有六十倍的,有三十倍的。

除了落在「好土裡」的,前面三個種子到最後都無法發芽長大,甚至是成熟結果。

我們也可以問問自己,當「聽到」神的話,當神的話準備要<進來>時,我們是怎麼「看待-對待」神的道?

就像是耶穌在馬太福音 13:18-23 這段經文裡,祂自己為「撒種」的比喻所解明的:

第一種人就是:凡聽見天國道理 不明白的,那 惡者就來,把所撒在他心裏的 奪了去;這就是撒在路旁的了。
第二種: 撒在石頭地上的,就是人聽了道,當下歡喜領受,只因心裏沒有根,不過 是暫時的,及至 為道遭了患難,或是受了逼迫,立刻就跌倒了。
第三種:撒在荊棘裏的,就是人聽了道,後來有 世上的思慮、錢財的迷惑 把道擠住了,不能結實。
第四種: 撒在好地上的,就是 人聽道明白了,後來 結實,有一百倍的,有六十倍的,有三十倍的。

當神的道「撒進來」時,你希望你是哪一種人,你希望神的道能夠在你的生命中「發芽-長大-成受」,以至於,可以在你的身上結出許多「美好的果實」嗎?如果我們希望神的話、神的道在我們個人的生命中「工作」的話,那麼就要把神的話「寫在石頭」上,「銘刻」在心版上,常記在心。箴言 7:1-3:

『我兒,你要遵守 我的言語,將我的命令 存記在心。
遵守我的命令就得存活;保守 我的法則 (妥拉),好像保守 眼中的瞳人,
繫在你指頭上,刻在你心版上。』

『你行走，它必引導你；你躺臥，它必保守你；你睡醒，它必與你談論。

因為 誡命是燈，法則 (妥拉) 是光，訓誨的責備 是 生命的道。』箴言 6:22-23

## 四、 作首不作尾

猶太人每逢吹角節，也就是到了「猶太新年」(רֹאשׁ הַשָּׁנָה) 時，每個人都會用這樣的一句話，來彼此祝賀，祝福新的一年有新的突破和成長，這句話就是：

『讓我們 作頭，不作尾巴。』
שֶׁנִּהְיֶה לְרֹאשׁ וְלֹא לְזָנָב

其實這句話，就是來自<進來>篇這段妥拉，申 28:13 的經文。

申命記 28 章，如同前面利未記的第十段妥拉<在我的律例中>的利未記 26 章裡面，經文羅列出許多遵行神誡命所得來的「祝福」清單，以及不遵行神誡命所遭致的「咒詛」清單。

申 28:1-13 這一整段經文，都是談到「遵行」神誡命所享有的「祝福」，這個祝福的清單，就是由 28:1 這節雷霆萬鈞，氣勢磅礴的經文，開啟這個祝福的宣告：

『你 若留意聽 從耶和華－你上帝的話，
謹守遵行 他的一切誡命，就是我今日所吩咐你的，
耶和華必使你 超乎天下萬民之上。』

是的，「謹守遵行」神一切的誡命，神一定會「提升」你，使你「卓越超群」，就如經文說的，使你「超乎天下萬民之上」。

不僅如此，按著「神的法則」來生活，行在神的「真理-正道」當中，神也會時常「看顧」你、「護衛」你。申 28:6：

『你出也 蒙福，入也 蒙福。』
בָּרוּךְ אַתָּה בְּבֹאֶךָ וּבָרוּךְ אַתָּה בְּצֵאתֶךָ

並且，申 28:10：

> 『天下萬民見你 **歸在耶和華的名** 下，
> 就要 **懼怕你**。』

天下萬民之所以「會懼怕-畏懼」，那是因為你們以色列人所依靠和信賴的這位神，乃是「**創造**」天地宇宙萬物的造物主: 耶和華神，祂是這位用 **伸出來的膀臂、大能的手**，用 **神蹟、奇事、試驗、爭戰**，領你們「出埃及」的上帝，

正如前面在申命記第二段妥拉<我懇求>篇的第四段信息「獨行奇事的神」所已經分享過的，申 4:32-34：

> 『你且考察在你以前的世代，自上帝造人在世以來，從天這邊到天那邊，**曾有何民 聽見上帝在火中說話的聲音，像你聽見 還能存活呢？這樣的大事** 何曾有、何曾聽見呢？上帝何曾從別的國中將一國的人民 領出來，用 **試驗、神蹟、奇事、爭戰、大能的手**，和 **伸出來的膀臂**，並 **大可畏的事**，像 **耶和華－你們的上帝** 在埃及，在你們眼前 為你們 所行的一切事 呢？』

當以色列百姓「謹守遵行」神的話語時，神也會在「物質-財富」上大大地賜福以色列人，申 28:11-12：

> 『你在耶和華向你列祖 **起誓應許賜你的地** 上，他必使你身所生的，牲畜所下的，地所產的，**都綽綽有餘**。耶和華必為你 **開天上的府庫，按時降雨** 在你的地上。在你手裏所辦的 **一切事上賜福與你**。你必借給許多國民，卻不致向他們借貸。』

也就正如申命記第二段妥拉<我懇求>篇第二段信息「有智慧、有聰明」已經分享過的，當以色列人完全信靠這位滿有「啟示-智慧」的創造主:耶和華神的時候，那麼，以色列百姓當然能夠得著「屬天的聰明-智慧」，並使他們在列邦萬國中「領先群倫」。這也就是申命記 28 章這份「祝福」清單，最後總結的經文，就是前文開篇就提到的「作首不作尾」。申 28:13：

> 『你 **若聽從** 耶和華－你上帝的誡命，就是我今日所吩咐你的，
> **謹守遵行**，不偏左右，也不隨從事奉別神，
> 耶和華就必使你 **作首不作尾**，但 **居上不居下**。』

# 五、 分散在萬民中

『你 若不聽從 耶和華－你上帝的話，

不謹守遵行 他的一切誡命律例，就是我今日所吩咐你的，

這以下的 咒詛 都必追隨你，臨到你身上：』申 28:15

申命記 28 章講完「祝福」，接下來申 28:15-68 所展開的是一份「**冗長的咒詛**」清單。

在利未記第十段妥拉<在我的律例中>的第四段信息「祝福與咒詛」，以及第五段信息「守約的神」筆者已經分享過，在耶和華神向以色列百姓所明定「違約」而來的「咒詛」清單，要比「守約」而享有的「祝福」的項目要「多的很多」。

並且，在這些「咒詛」清單中，懲罰是「逐漸加重」，這些「逐漸加重」的懲罰發展到最後，也就是「最嚴厲」的管教，即所謂「最終懲罰」，那就是：以色列百姓會「被趕逐」出去，離開以色列地，並且在列邦萬國中「四處流亡」。
申 28:25：

『耶和華必使你敗在仇敵面前，

你從一條路去攻擊他們，必從七條路逃跑。

你必 在天下萬國中 拋來拋去。』

除了被耶和華神「趕散」，流亡到列國，以色列人還會遭受「逼迫」，甚至「殺戮」。
申 28:64-66：

『耶和華必使你們 分散在萬民中，從地這邊 到地那邊，你必在那裏事奉你和你列祖素不認識、木頭石頭的神。那些國中，你必不得安逸，也 不得落腳之地；耶和華卻使你在那裏心中跳動，眼目失明，精神消耗。你的性命 必懸懸無定；你 晝夜恐懼，自料 性命難保。』

耶和華神之所以需要這麼「嚴厲管教」祂的子民：以色列百姓，原因無他，只因為以色列是耶和華神的兒子，是「長子」(出埃及記 4:22)。所以，管教，而且是「最重的」管教當然「首先臨到」長子的身上。

但管教和懲罰目的，並不是要「完全滅絕」以色列人，正好相反，耶和華神的心意，乃是要透過這些「咒詛」，讓以色列人痛徹心扉的「悔改」，認自己的罪，並「再次回到」神的面前。

所以，以色列的「趕散-流亡」和「逼迫-殺戮」，並不是以色列歷史故事的終局，因為耶和華神會因著祂與以色列的先祖「亞伯拉罕-以撒-雅各」所立的「永恆盟約」，而再次執行「守約」的「救贖」行動，再次將以色列百姓，從四散的各國中「召聚-回歸」，回到本地，也就是以色列這塊耶和華神所「起誓應許」，要給以色列人的牛奶與蜜之地。

『這一切 咒詛 必追隨你，趕上你，直到你滅亡；
因為你 不聽從 耶和華－你上帝的話，
不遵守 他所吩咐的誡命律例。
這些 咒詛 必在你和你後裔的身上
成為 異蹟記號 (אוֹת)- 驚異奇事 (מוֹפֵת)，直到永遠！』申 28:45-46

是的，正如申 28:46 經文所說，這些……在你後裔身上成為「異蹟記號」(אוֹת)- 和「驚異奇事」(מוֹפֵת) 的事情，也就是: 猶太人被「趕散-流亡」到世界各地 2000 年之久，遭受最嚴重的「咒詛-懲罰」，在人類歷史上經歷這麼長時間的逼迫和殺害，這樣的「歷史事實」，其實不就已經證明了這件事嗎？ 就是:

以色列，依舊是作為耶和華神「與之立約」的「上帝子民」的身分， 並且耶和華神向以色列百姓所訂定的「祝福-咒詛」的「聖約」到了 21 世紀的今天，也是「仍然有效」的證據。

正因為在妥拉 (摩西五經) 中所記載的「聖約」仍然「有效力」，因此，以色列的餘民得以再次「回歸」故土，重建家園，直等彌賽亞復臨，與祂的子民:以色列「相認」。

## 問題與討論：

1. 申 26:5：『我祖原是 **一個將亡的亞蘭人** 』 以色列的先祖原是「一群**將亡的人**」，但後來怎麼能夠度過危難、過紅海、出埃及、得地為業，雖中間又經歷「國破家亡」，甚至被趕散迫害，一直到 20 世紀再度經歷「死而復生」的回歸和復國，這一切的一切是「如何可能」發生的？

2. 申 26:17-18：『你今日 **認耶和華為你的上帝**，應許遵行他的道，謹守他的律例、誡命、典章，聽從他的話。耶和華今日照他所應許你的，也 **認你為祂寶貴的子民**，會謹守他的一切誡命。 』這段經文到底是什麼意思？

3. 申 27:2-3,8：『你們過約旦河，到了耶和華－你上帝所賜給你的地，當天要立起幾塊大石頭，墁上石灰，把 **這律法(妥拉)** 的 **一切話** 寫在石頭上。你要將 **這律法(妥拉)** 的 **一切話** 明明地寫在石頭上。』把神的律法，神的話「**寫在石頭上**」這個動作，有什麼樣深刻的意涵？

4. 猶太人每逢吹角節，也就是到了「猶太新年」的時候，每個人都會用這樣的一句話，來彼此祝賀，祝福新的一年有新的突破和成長，這句話是什麼？

5. 申命記 28 章前面講完「祝福」的部分，接下來在申 28:15-68 展開的，是一份「冗長的咒詛」清單，在這些「咒詛」清單中，我們看到，懲罰是「逐漸加重」的，這些「逐漸加重」的懲罰發展到最後，也就是「**最嚴厲**」的管教，這個所謂的「**最終懲罰**」指的是什麼？ 再者，為何耶和華神需要這麼「**嚴厲地管教**」祂的子民: 以色列百姓？

# 申命記 No.8 妥拉

# <站立>篇（פרשת נצבים）

## 本段妥拉摘要:

申命記第八段妥拉，標題<站立>，希伯來文(נִצָּבִים)。這段妥拉開篇立即提到，摩西「召集」以色列全會眾，所有人，從首領、長老、官長，到所有的男丁、孩子、妻子，甚至還有寄居者，從劈柴到挑水的人，「全部-全員」都<站立>在耶和華神面前。

在上段的<進來>篇，講到以色列百姓<進來>到了迦南地，但<進來>後，來到申命記第八段妥拉<站立>，意思很清楚，就是告訴你們以色列人一定要<站立>得住，時刻警醒，時常<站立>在神面前，「堅守住」神的誡命，不要被迦南人的異教風俗所影響。甚至，就算日後你們被擄、被趕散，仍要在異邦異地<站立>得住，要不斷<站在>耶和華你神的面前。

另方面，如果說以色列百姓，所有人，每一個人都要<堅立-站立>在神的面前，「謹守遵行」神與以色列百姓所立的「永恆盟約」的話，那麼，神自己也必會<堅立-堅守>這份盟約，也就是說，「神所立的約」本身也會<堅立-站立>在神的面前，永不改變、永不更動，也「永不廢棄」。

也因著耶和華神是「立約-守約」的上帝，所以「信實」的耶和華神，雖然因著你們的「犯罪-敗壞」而將你們「趕散-流亡」，但只要你們願意「回轉-歸向」神，那麼，耶和華神也會「回轉-歸向」你們，不再向你們掩面，而是會將你們「招聚-回歸」到先祖之地上，再次「重新建造」你們。

正如申 30:2-4 所「保證-應許」的:

『你和你的子孫若 **盡心盡性 歸向** 耶和華－你的上帝…；那時，耶和華－你的上帝 **必憐恤你，救回** 你這被擄的子民；耶和華－你的上帝要回轉過來，**從分散你到的萬民中 將你招聚回來**。你被趕散的人，**就是在天涯的**，耶和華－你的上帝 也必從那裏將你招聚回來。』

# 申命記 No.8 妥拉 <站立> 篇（פרשת נצבים）

經文段落:《申命記》29:10 - 30:20
先知書伴讀:《以賽亞書》61:1 - 63:9 [1]
詩篇伴讀: 81 篇
新約伴讀:《約翰福音》12:41-50、《羅馬書》10:1-12

## 一、 <站在>神面前

申命記第八段妥拉標題<站立>。經文段落從申命記 29 章 10 節到 30 章 20 節。
<站立>這個標題，在申 29:10，按希伯來原文直譯是：

> 『今日你們全都要 站在 耶和華-你們上帝面前，』
> אַתֶּם נִצָּבִים הַיּוֹם כֻּלְּכֶם לִפְנֵי יְהוָה אֱלֹהֵיכֶם

這段妥拉的標題: <站立> (נִצָּבִים) 就是希伯來經文申 29:10 的第二個字，這個字
(נִצָּבִים) 就是申命記第八段妥拉的標題。

在上段妥拉<進來>篇，摩西在申命記 28 章那裡，已經把「守約-違約」的「祝福
-咒詛」向以色列百姓說清楚，也告訴他們，在過了約旦河<進到>迦南地後，第
一件事就是在基利心山和以巴路山做「立約」的宣告。

現在來到申命記第八段妥拉<站立>篇，摩西又再次「召集」以色列全會眾，所
有的人，從首領、長老、官長，到所有的男丁、孩子、妻子，甚至還有寄居者，
從劈你柴到挑你水的人，「全部-全員」都要<站立>在耶和華神面前。

若按著妥拉「分段」的邏輯來說，上段的<進來>篇，指的是以色列百姓<進來>
到了迦南地，但<進來>後，你們一定要<站立>得住，所以<站立>恰好正是這段
妥拉的標題，意思就是說: 要時刻警醒，要不斷地<站在>神面前，「堅守住」神
的誡命，不被迦南人的異教風俗所影響。甚至，就算日後你們被擄、被趕散，仍

---

[1] 按猶太曆及猶太人妥拉讀經進度，在聖殿被毀日到吹角節中間的「七個」安息日，會有七份帶
有「安慰」信息的先知書伴讀經文，本段妥拉的先知書伴讀 以賽亞書 61:1 - 63:9 為第七份
「安慰」信息。這七份先知書伴讀，不斷堆疊，直到本段 (第七份) 先知書伴讀，達到高峰。

要在異邦異地<站立>得住，要不斷<站在>耶和華你神的面前。

所以，在申 29:10-11 講完以色列全會眾，所有成員，每一個人都要<站立>在神面前後，接下來申 29:12 的經文立刻就說，這是：

『為要 你順從 耶和華－你上帝今日與你 所立的約，向你 所起的誓。』

是的，當以色列百姓準備要進入應許地前，摩西最後耳提面命的告誡和提醒就是：你們以色列的每位，務要「謹守遵行」神的律法和誡命，「不可忘記」神的約，一定要<堅立-站立>在神面前，不要進入迦南地後，又被那地的外邦人所「影響-同化」。

所以，大家要彼此扶持，互相擔保，就像之前在申命記第四段妥拉<看哪>篇的第四段信息「重提安息年」筆者所已經分享過的，在猶太人當有一句語話說：

(כָּל יִשְׂרָאֵל עֲרֵבִים זֶה לָזֶה)
英文 All Israel is responsible for one another.
中文:『每個以色列人都要 彼此互相擔保、負責和扶持。』

這就表示說，以色列成為『聖潔的子民、祭司的國度』這樣神聖的「呼召-使命」，乃是需要大家 互相扶持、彼此提醒、相互勸戒、一起造就、全體參與，才能成就出來的。

在申 29:15 說到：

『凡與我們 一同站在 耶和華－我們上帝面前的，
並 今日不在我們這裏的人，
我也與他們 立這約，起這誓。』

摩西說這話，是要告訴這群將要過河，進入迦南地的以色列百姓，特別是做父母親的，你們一定要把神的律法、神的約「傳承」給你們的後代子孫，讓以色列人「世世代代」都能「堅守」神的約，「世世代代」都還能 <堅立-站在> 祢面前，就像這段妥拉的標題所揭示的:<站在> 耶和華-你們的上帝面前。

## 二、 這地的災殃

1869 年，馬克吐溫出版了一本遊記，中文暫譯《傻子旅行記》，英文原版書名叫
（**The Innocents Abroad**），這本書記述馬克吐溫在 1867 年，第一次造訪耶路撒
冷時，所感受到這座聖城，散發出的一股「哀戚-荒涼」的景象和氛圍，下面，
摘一小段馬克吐溫遊記裡的文字：

『在這一帶走了十哩路，看不見十個人。……無人能站在這裡…預言所說『 你
的土地 **成為荒涼**，你的城市 **變為廢墟** 』都成真。……環視四周看不見一棵樹。
全地悽愴…是無望、陰沉、傷心的土地……。歷史上有名的耶路撒冷，古代的雄
偉已蕩然無存，現在變為貧窮的村落。』

馬克吐溫的這段話，正好「印證」申命記 29:24 的經文，這是摩西早在三千多年
前，在以色列百姓還沒過約旦河，進入迦南地前，就已「先預言」將會發生的事，
申 29:24：

『所看見的人，連萬國人，都必問說：
『耶和華為何向 **此地** 這樣行呢？這樣 **大發烈怒** 是甚麼意思呢？』

迦南地，或說以色列地之所以會成為「**荒場**」，以至於，就連萬國的人都能看到
「**這地的災殃**」，這乃是因為，以色列百姓在這塊土地上「**犯罪-敗壞**」，偏離甚
至「**廢棄**」耶和華神的律法、公平和正義，所以，這就是接下來申 29:25-28 所
說的：

『人必回答說：是因這地的人 **離棄了耶和華** －他們列祖的上帝，領他們 **出埃
及地** 的時候與他們 **所立的約**…。所以耶和華的怒氣向 **這地** 發作，將 **這書上**
所寫的 **一切咒詛** 都降在 **這地** 上。耶和華在怒氣、忿怒、大惱恨中將他們 **從
本地** 拔出來，扔在別的地上，像今日一樣。』

正如這段經文，摩西所預言的，以色列百姓犯罪帶來的兩項最嚴重的後果和懲罰：

第一、土地成為 **荒場**，成為 **災殃之地**。
第二、以色列百姓 **被趕散** 到世界各地。

關於前述這兩點的懲罰，在前面的妥拉：

利未記第六段妥拉<死了之後>篇的第五段信息「聖地與聖潔」、
利未記第七段妥拉<成聖>篇的第五段信息「聖地與以色列民」、
利未記第十段妥拉<在我的律例>篇的第四段信息「祝福與咒詛」、
申命記第二段妥拉<看哪>篇的第三段信息「趕散與回歸」、
申命記第七段妥拉<進來>篇的第五段信息「分散在萬民中」，

筆者都已詳細地分享過。再來看利未記 26:31-33：

『我要使你們的城邑變為 荒涼，使你們的眾聖所成為 荒場；
我也不聞你們馨香的香氣。我要使地成為 荒場，
住在其上的**仇敵 就因此詫異**。
我要把你們 **散在列邦** 中；我也要拔刀追趕你們。
你們的地要成為 荒場；你們的城邑要變為 荒涼。』

是的，以色列地成為「荒場」，以色列百姓被「趕散-流亡」，這些都是因著他們的「犯罪-敗壞」，「離棄」耶和華神，「背棄」神的約和耶和華神的律法所造成的，我們在歷史上也的確「親眼見證」了「這約」的效力，也就是: 以色列的「亡國」和猶太人的「四處流亡」，這樣的時間長達兩千年之久。

不過，耶和華神是「**信實-守約**」的上帝，祂仍然是「希伯來人」的上帝、「以色列」的聖者，土地成為荒場、趕散-流亡「並不是」故事的終局。

因為，正如先前在利未記第十段妥拉<在我的律例>篇的第五段信息<守約的神>已經分享過的，以色列的「趕散-流亡」的罪刑 已經「**服刑期滿**」，耶和華神已經開始在做以色列「**全體總動員**」的大規模的「**召聚-回歸**」的「**重建-恢復**」的工作，這也就是我們在下一段信息「心理受割禮」所要分享的內容。

## 三、 心理受割禮

申 30:1-3：

> 『我所陳明在你面前的 這一切咒詛 都臨到你身上；
> 你在耶和華－你上帝追趕你到的萬國中 必心裏追念 祝福 的話；
> 你和你的子孫 若盡心盡性歸向耶和華－你的上帝，
> 照著我今日一切所吩咐的 聽從祂的話；
> 那時，耶和華－你的上帝必 憐恤 你，救回 你這被擄的子民；
> 耶和華－你的上帝要 回轉 過來，從 分散 你到的萬民中 將你 招聚回來。』

讀到這段經文，也許會很驚訝，原來摩西在三千多年前，在以色列百姓都還沒過約旦河，進入迦南地，得地為業時，就「已經預言」到以色列的「趕散-流亡」，甚至是耶和華神的「招聚-回歸」。

也因為耶和華神知道，以色列百姓是一群「硬著頸項」的百姓，就像是在這一段妥拉<站立>篇，摩西自己所預言的，申 30:18：

> 『我今日明明告訴你們，你們 必要滅亡；
> 在你過約旦河、進去得為業的地上，
> 你的 日子必不長久。』

耶和華神曉得，這群百姓將來必會「全然敗壞」，偏行己路，拜偶像，行邪淫，最後被耶和華神「趕散」，「流亡」各地。

所以，耶和華神才「預先」在以色列這個信仰社群中設立一個獨特的「節期」系統，好讓他們雖是「分散」在世界各地，流亡在「各個不同」地方，但卻可以在「同一個時間點」上「對準-對齊」一個時間表，那就是:「耶和華的節期」。

就是因著這個特別的「時間」系統，這個「耶和華的節期」它所具有的「呼召-凝聚」和「對齊-對準」的功能，所以才使得流亡四處、國破家亡的猶太人還能繼續持守自己的信仰、文化和傳統，以至於最後的「召聚-回歸」得以被成就。

這個所謂耶和華節期的「全體總動員」的功能，筆者在利未記第八段妥拉<訴說>篇的第二段信息「節期的功能」有詳細的論述。回到申命記 30 章的經文，申 30:4 接著說：

『你 被趕散的人，就是 在天涯的，

耶和華－你的上帝也必從那裏將你 招聚，從那裡把你 帶回來。』

אִם-יִהְיֶה נִדַּחֲךָ בִּקְצֵה הַשָּׁמָיִם

מִשָּׁם יְקַבֶּצְךָ יְהוָה אֱלֹהֶיךָ, וּמִשָּׁם יִקָּחֶךָ

正如經文說的，就算是「在天涯的」(בִּקְצֵה הַשָּׁמָיִם)，耶和華神，都必要親自去「招聚你」(יְקַבֶּצְךָ)，耶和華神都要親自的去「帶你-領你」(יִקָּחֶךָ)回來。

由此可見耶和華神的「決心」，「招聚-回歸」乃是耶和華神「定意要做」的事，原因無他，只因為耶和華神是「守約」的上帝，當以色列百姓「回轉歸向」耶和華神，「回到」神的律法-誡命，「再次回到」神的妥拉中的時候，那麼，按照「約」的條款，以色列會再次蒙受耶和華神的「保護-祝福」。

只是，當這些被趕散的人，再次回到先祖之地的時候，那還會有一件「更重要的事」將會發生，或者說，其實這件事是「正在發生」當中，申 30:6：

『耶和華－你上帝必 將你心裏 和 你後裔心裏的污穢 除掉，
好叫你盡心盡性愛耶和華－你的上帝，使你可以存活。』

上面，申 30:6 的經文，也就是先知耶利米和以西結都預言的一個「新約」、一個「新心」。來看兩段的經文：

『耶和華說：「那些日子以後，我與以色列家 所立的約 乃是這樣：我要將 我的律法(妥拉) 放在他們裏面，寫在他們心上。我要作他們的上帝，他們要作我的子民。」耶利米書 31:33

『我必從各國 收取你們，從列邦 聚集你們，引導你們 歸回本地。我必用 清水灑在你們身上，你們就 潔淨了。我要潔淨你們，使你們脫離一切的污穢，棄掉一切的偶像。我也要賜給你們 一個新心，將 新靈 放在你們裏面，又從你們的肉體中除掉石心，賜給你們 肉心。我必將 我的靈 放在你們裏面，使你們順從我的律例，謹守遵行我的典章。你們 必住在 我所賜給你們 列祖之地。你們要作我的子民，我要作你們的上帝。』以西結書 36:24-28

是的，在「招聚-回歸」之後，以色列百姓會在先祖之地上，會經歷一個「新的靈洗」，那就是：他們會接受並相信這個兩千年前由父神耶和華神所差派來的愛子耶穌，祂所更新的一個「新約」，就是：耶穌自己成為祂的子民猶太人和世人的「贖罪祭-挽回祭」。

因著耶穌寶血的這一個「新約」，以色列百姓的罪債和污穢得以再次「完全洗淨」，他們可以領受「一個新心」和「一個新靈」。

感謝神，從 19 世紀末開始直到現今的以色列，開始出現許多「信耶穌的猶太人」，也就是我們稱的「彌賽亞信徒」，他們將會帶給以色列地「極大的復興」。

因為，以色列的「招聚-回歸-重建」，正是在預備「末後」那榮耀又偉大的光榮時刻，就是神的子民:猶太人，要和以色列的王，猶太人的彌賽亞耶穌「相認」。[2]

# 四、 不是你難行的

『我今日所吩咐你的誡命
**不是你難行的，也 不是離你遠的。**』申 30:11

神向以色列百姓所頒布的這些「誡命-律例-典章」，其實目的不是要讓百姓們感到困難、痛苦，或受到限制，正好相反，神所頒布這些律法、妥拉，要他們「**得福**」、得「**豐盛**」，受「**保護**」，因為，作為一個父神，就像耶穌自己說的，馬太福音 7:9-11：

『你們中間誰有兒子求餅，反給他石頭呢？求魚，反給他蛇呢？
你們雖然不好，尚且知道拿好東西給兒女，
何況你們 **在天上的父 (耶和華神)**，豈不更 **把好東西給求他的人** 嗎？』

所以，神的律法、誡命乃是「好的」，就像詩篇、箴言裡常常在歌誦、提醒和告誡的，譬如詩篇 119:1-2：

『行為完全、遵行 **耶和華律法(妥拉)** 的，這人便為 **有福**！
遵守 **祂的法度**、一心尋求祂的，這人便為 **有福**！』

既然「神的律法」是好的，遵行的人是「有福的」，那麼它肯定就「不是」難遵守的，就像剛才在申 30:11 所讀的，神的誡命『**不是你難行的**』。

---

[2] 同參《奧秘之鑰-解鎖妥拉:創世記》No.11 妥拉 <挨近>篇之第四段「兄弟相認的預表」。

因為神設立誡命的「目的」，就是要我們各人「得福」，不然神設立一套人「無法遵行」的誡命，讓我們人「無法得福」，這豈不是自相矛盾嗎？馬太福音 11:29-30，耶穌說：

『我心裏柔和謙卑，你們當負我的軛，學我的樣式；
這樣，你們心裏就必 得享安息。
因為我的軛是 容易的，我的擔子是 輕省的。』

常常，我們人喜歡「追尋」一些神話語、真理信仰「以外」的事物，例如:打禪、冥想、通靈、甚至能量治療……等等的靈修方式，或 追尋一些大師、偶像，看他們的書，學習他們的思想。

但我們卻忘記「神自己」啟示的智慧和話語，這個我們人人都想追求的「最高神性智慧」，祂不就「在你手邊」嗎？ 就是「神真理的話語」，聖經、妥拉，不是嗎？神一切律例、法度、典章、誡命的「啟示-智慧-亮光」不都在這本葵花寶典當中嗎?

正如申 30:12-13 所說， 神寶貴的話語：

不是在天上，使你說：『誰替我們 上天取下來，使我們聽見可以遵行呢？』
也不是在海外，使你說：『誰替我們 過海取了來，使我們聽見可以遵行呢？』

是的，就像摩西在三千多年前，在約旦河東，對著這群準備要過約旦河，進入迦南地，得地為業的以色列百姓所做的最後勸勉，申 30:14：

『這話卻離你 甚近，
就 在你口中，在你心裏，
使你 可以遵行。』

願我們每位，天天「心中」默想神的話，「開口」禱告-讚美神，讓神真理的話語在你我生命中來工作、並「塑造-煉淨」我們，使我們越來越像我們的主，那「聖潔-榮美」的主。

## 五、 天地都要作見證

『耶和華啊，你的話 安定/堅立 在天，直到永遠。』詩篇 119:89

לְעוֹלָם יְהוָה דְּבָרְךָ נִצָּב בַּשָּׁמָיִם

「安定」翻譯的更直白叫<堅立-站立>(נִצָּב)，而 (נִצָּב) 這個字就是這申命記第八段妥拉的標題<站立> (נִצָּבִים)，只是一個是單數型態，一個是複數型態。

所以，如果說以色列百姓，從領袖、官長、男人、女人、小孩、寄居的，挑柴打水的，所有人，每一個人都要<堅立-站立>在神的面前，謹守遵行神與以色列百姓所立的「永恆盟約」的話，

那麼，神自己也必定會<堅立-堅守>這份盟約，也就是說，神所立的約本身也會<堅立-站立>在神的面前，永遠不會改變、不會更動，更不會被廢棄。

也因著耶和華神是「立約-守約」的上帝，所以「信實」的耶和華神，雖然因著以色列的「犯罪-敗壞」而將你們以色列人「趕散-流亡」，但只要你們願意「回轉-歸向」神，那麼耶和華神也會「回轉-歸向」你們，不再向你們掩面，而是會將你們「招聚-回歸」到先祖之地上，再次「重新建造」你們，如申 30:9 的經文所說：

『因為耶和華必再喜悅你，降福與你，

像從前 喜悅你列祖 一樣。』

最後，這段妥拉<站立>篇的結尾，摩西似乎是用一種「聲嘶力竭」的語氣，在「嚴詞告誡」這群準備要過約旦河的以色列人說：

你們一定要把耶和華神與你們所「立的約」，當作一件非常嚴肅的事，因為，這個「永恆盟約」確實存在，且「永遠有效」。

所以你們過約旦河後，一定要「依約行事」，要按照耶和華神所頒布的一切「律法-典章-誡命」來行，因為這律法、這誡命 就是生命，申 30:20：

『且 愛 耶和華－你的上帝，聽從祂的話，專靠祂；

因為 祂是你的生命，你的日子長久也在乎祂。

這樣，你就可以在耶和華向你列祖亞伯拉罕、以撒、雅各

起誓應許所賜的地上 居住。』

但是，倘若「違約」，在應許之地上「犯罪-敗壞」，那麼按照「約」的條款，你們必定會被耶和華神「趕散」，四處「流亡」。

這個約，不僅是你們這世代會「親自見證」這約的「有效」，你們的後代也將會「自己見證」這約的「真實」，正如那些被擄到巴比倫，以及羅馬帝國毀滅第二聖殿之後的猶太人，所開啟的兩千年的「離散-流亡」，這過去許許多多，世世代代的猶太人所「親身經歷」和「親自見證」的，

列邦萬國，各地的人也「一同見證」耶和華神和以色列所曾經立過的這「永恆盟約」，就如同我們在本段妥拉的第二段信息「這地的災殃」所已經分享過的。

『所看見的人，**連萬國人，都必問說**：『耶和華為何向 **此地** 這樣行呢？這樣 **大發烈怒** 是甚麼意思呢？』 人必回答說：『是因這地的人 **離棄了** 耶和華－他們列祖的上帝，領他們 **出埃及地** 的時候與他們 **所立的約**。』申 29:24-25

是的，耶和華神與以色列的先祖「所立的約」時至 21 世紀的今日，都還是「仍然有效」，並沒有被廢棄。

因為，這約，就連耶和華神所創造的「天-地」，這兩個比人類歷史存在時間還要更久遠的，這個「亙古常存」的偉大自然，也要來「見證」著這份「海誓山盟」的盟約，是耶和華神在早先，就與以色列的先祖：「亞伯拉罕-以撒-雅各」所立的，以及後來在以色列百姓出埃及後，在西奈山所更進一步擴大和<堅立>的「成聖」之約。

一份，就連「天-地」都要來作見證的「約」，百姓們，同胞們，你們能夠不遵守嗎？

所以，最後，摩西大聲疾呼地對著百姓這樣說到，申 30:19：

『我今日 呼天喚地 向你 作見證；
我將 生死 禍福 陳明在你面前，
所以 你要揀選生命，使你和你的後裔 都得存活。』

## 問題與討論：

1. 申命記第八段妥拉的標題<站立>(נִצָּבִים)，這段妥拉取這個詞當作本段標題有什麼重要意涵？ 為什麼耶和華神要以色列全會眾，從支派的首領、長老、官長、所有的男丁、孩子、妻子、甚至是寄居者，從劈柴到挑水的人……全部都要 <站立>在神面前？

2. 在第二段信息「這地的災殃」提到，馬克吐溫在 1867 年，第一次造訪耶路撒冷時，所感受到這座聖城，散發出的一股「哀戚-荒涼」的景象和氛圍，在他的遊記裡記述著『預言所說:「祢的土地 成為荒涼，祢的城市 變為廢墟」都成真...』然而『耶和華 為何 向此地這樣行呢？這樣 大發烈怒 是甚麼意思呢？』是什麼導致以色列地成為荒場？

3. 申 30:6：『耶和華－你上帝必將你心裏和你後裔心裏的污穢除掉，好叫你盡心盡性愛耶和華－你的上帝，使你可以存活。』申 30:6 所預言這樣的一個「新約」、一個「新心」，在哪兩卷先知書的段落也都不約而同地被提及？

4. 申 30:11：『我今日所吩咐你的誡命 不是你難行的，也不是離你遠的。』耶和華神向以色列百姓所頒布的這些「誡命-律例-典章」的目的到底是為了什麼？你是否覺得神的話、神的真理離你很遠嗎？ 你是否覺得神的誡命很難遵行嗎？

5. 在<站立>篇這段妥拉的最後，摩西大聲疾呼地對著以色列百姓這樣說到，申 30:19：『我今日 呼天喚地 向你 作見證；我將 生死禍福 陳明在你面前，所以 你要揀選生命，使你和你的後裔 都得存活。』這句話是什麼意思？ 一份就連「天-地」都要來作見證的「約」，作為基督徒的你我，會如何看待？

# 申命記 **No.9** 妥拉

## \<他去\>篇 （**פרשת וילך**）

**本段妥拉摘要：**

申命記第九段妥拉，標題\<**他去**\>，希伯來文 (**וַיֵּלֶךְ**)。這段妥拉開篇立即就提到摩西的\<**離去**\>，申 31:1：『摩西 \<**去**\> 告訴以色列眾人說：「我現在一百二十歲了，不能照常出入；耶和華也曾對我說：『你必不得過這約旦河。』

在摩西\<**他離去**\>之後，有兩件最重要的事情，是在這段妥拉中，摩西「嚴嚴告誡」這群即將過河，預備進入迦南地的以色列百姓，第一件事就是，要「**好好誦讀**」神的話、神的「**律法書**」，並要用這律法書(妥拉)來「**教導**」孩童子女，使他們「謹守遵行」，好叫他們「敬畏」領你們出埃及的耶和華神，這就是申 31:10-13 這段經文內容說的：

『摩西吩咐他們說：「每逢七年的末一年，就在豁免年的定期住棚節的時候，以色列眾人來到耶和華－你上帝所選擇的地方朝見他。那時，你要在以色列眾人面前將 **這律法** 念給他們聽。要 **招聚** 他們男、女、孩子，並城裏寄居的，使他們**聽**，使他們 **學習**，好 **敬畏** 耶和華－你們的上帝，**謹守、遵行這律法** 的一切話，也使他們未曾曉得(這律法)的兒女 **得以聽見，學習敬畏** 耶和華－你們的上帝，在你們過約旦河要得為業之地，存活的日子，**常常這樣行。**』

第二件事是，在摩西\<**他離去**\>之後，摩西預言以色列人會「犯罪-敗壞」，正如耶和華神自己對摩西說的：『你必和你列祖同睡。這百姓要起來，在他們所要去的地上，在那地的人中，隨從外邦神行邪淫，離棄我，違背 我與他們 所立的約。』申 31:16

雖然以色列人「離棄」耶和華神，「違背」他們與耶和華神之間的「盟約」，但耶和華神卻「沒有離棄」祂的子民，也「沒有廢棄」祂自己與以色列所堅立的「神聖誓約」。因為這「律法-誓約」除了是要來「見證」以色列的「不是」，見證以色列百姓的「違約-背道」之外，也藉由以色列遭到耶和華神的「懲罰-趕散-流亡」到世界各地，以此也來向以色列人，以及列國的世人來證明，「**這約**」的確是「**真實存在**」，而且時至今日，仍然具有「法律效力」。

# 申命記 No.9 妥拉 <他去> 篇 （פרשת נצבים）

經文段落：《申命記》31:1-30
先知書伴讀：《何西阿書》14:1-9、《彌迦書》7:18-20、《約珥書》2:15-27 [1]
詩篇伴讀: 65 篇
新約伴讀：《約翰福音》12:41-50、《羅馬書》5-6 章、10:14-1

## 一、 領人跟隨神

申命記第九段妥拉標題<他去>。經文段落從申命記 31 章 1 節到 30 節。<他去>這個標題，在申 31:1：

> 『摩西 去 告訴以色列眾人說：
> 「我現在一百二十歲了，不能照常出入；
> 耶和華也曾對我說：『你必不得過這約旦河。』』

וַיֵּלֶךְ מֹשֶׁה וַיְדַבֵּר אֶת-הַדְּבָרִים הָאֵלֶּה אֶל-כָּל-יִשְׂרָאֵל. וַיֹּאמֶר אֲלֵהֶם
בֶּן-מֵאָה וְעֶשְׂרִים שָׁנָה אָנֹכִי הַיּוֹם לֹא-אוּכַל עוֹד לָצֵאת וְלָבוֹא
וַיהוָה אָמַר אֵלַי לֹא תַעֲבֹר אֶת-הַיַּרְדֵּן הַזֶּה

這段妥拉的標題: <他去> (וַיֵּלֶךְ) 就是希伯來經文申 31:1 的第一個字，這個字 (וַיֵּלֶךְ) 這個動詞<他去>，或譯<他離去>，就是申命記第九段妥拉的標題。

按著這段妥拉的標題<他離去>所明白提示的，顧名思義，這段妥拉的內容主要就是在講述，摩西他準備要<離去>，要離開以色列百姓，上尼波山，然後有些最後的話要對以色列百姓說，有些交辦的事項要以色列百姓繼續來完成，而這當中最重要的事，就是屬靈領導的權柄「交接-傳承」。

關於摩西「交棒」給約書亞的事，筆者在民數記的第八段妥拉<非尼哈>的第三

---

[1] 按猶太曆及猶太人妥拉讀經進度，<他去>篇這段妥拉，通常是在吹角節/猶太新年和贖罪日中間的安息日來閱讀，這個安息日被猶太人稱為「悔改/回轉的安息日」(שבת שובה)，讀音 Shabbat Shuva. (Sabbath of Return)，乃是為了即將到來的「贖罪日」做預備。所以，何西阿、彌迦書、約珥書這三卷先知書經文伴讀的內容，都是帶著極大「盼望」，甚至是「喜樂」的「悔改」信息。

段信息「得地為業的領袖」已有分享。

從摩西把「屬靈-領導」權柄「交棒」給約書亞這件事讓我們清楚地看到，神心目中的「屬靈領袖」應該具備的三個「重要的特質」：

第一、要能剛強壯膽、無所畏懼地，自己在前頭，帶領百姓「出去」征戰，然後又能帶領百姓「進入」到神所應許的產業，正如民數記 27:17 所說：『引導他們出、引導他們入。』

第二、更重要的就是『心中有聖靈。民數記 27:18』，心理要有「神的靈」，神「真理」的聖靈，有神的「智慧-啟示」，當一個屬靈領袖，要清楚明白「神的心意-計畫」這是非常重要的。

第三、最重要就是，一個屬靈領袖，他不是要帶領人來「跟隨自己」，成為「我自己」的信眾-粉絲；正好相反，一個真正的屬靈領袖、真正的好牧人，**乃是要帶領人「去跟隨上帝」，讓他們「真認識」神，讓他們成為「神手中」美好的工作。**

關於這一點，這段妥拉起始的經文，摩西開篇所講的幾句話都清楚地提到這件事：

『**耶和華**－你們的上帝 **必引導** 你們過去，將這些國民在你們面前滅絕，你們就得他們的地。**耶和華 必待他們**，如同從前待他所滅絕的亞摩利二王西宏與噩以及他們的國一樣。**耶和華 必將他們 交給你們**；你們要照我所吩咐的一切命令待他們。』申 31:3-5

是的，真正的大元帥，是 耶和華神自己，是神「自己帶領」以色列百姓，是神「自己引導」以色列百姓，當然，也是神要以色列百姓「進入」迦南地「得地為業」的。

所以作為百姓的屬靈領袖，他清楚知道 他的**屬靈權柄** 是神賦與他的，他一定要明白「神的心意」，**按著「神的計畫」來行**，要把百姓、人們領到「神的面前」。

說到這裡，這就讓我們想到另一個「反面」的例子，就是在民數記的第五段妥拉<可拉>篇當中(民 16:1-18:32) 的<可拉>，他因著想要「奪走」摩西的屬靈權柄，「竊取」神的榮耀，**以滿足 自我的驕傲和私慾**，所以鼓動百姓來跟隨<可拉>他自己，想要一起「回埃及」，結果不僅在以色列當中製造嚴重的「分裂-動亂」，也帶來神的「憤怒-懲罰」。

是的，真正的屬靈領袖，是要『**領人跟隨神**』的，絕對不是跟隨你自己，因為，只有這樣，神才會「與你同行」，神才會與你所帶領的信仰群，與你所領導的團契、教會「一起前行」，正如申 31:6 摩西所說的：

> 『你們當剛強壯膽，不要害怕，也不要畏懼他們，
>
> **因為耶和華－你的上帝 和你同去。**
> 他 **必不撇下你，也 不丟棄你。**』

## 二、 交棒約書亞

在摩西準備要<離去>時，摩西把「屬靈-領導」的權柄傳承給約書亞，這個傳承，或說傳承的「人選」，其實乃是耶和華自己決定的，因為在民數記 27:18-20 已經提到：

> 『耶和華對摩西說：「嫩的兒子約書亞是 **心中有聖靈** 的；
> 你將他領來，按手在他頭上，使他站在祭司以利亞撒和全會眾面前，囑咐他，
> 又將 **你 (摩西) 的尊榮 給他幾分**，使以色列全會眾 **都聽從他**。』

約書亞之所以能夠被耶和華神「揀選」出來，成為以色列百姓下個階段重要的工作和任務，也就是「前進迦南-得地為業」的「領導者」，這其實是因為在約書亞身上所具備的一些重要的人格特質，也就是「好的品格」及對神「堅定的信仰」。約書亞這樣的特質和人格，在前面的出埃及記以及民數記的經文中都有清楚地刻劃出來。

我們可以將約書亞的一些重要的人格特質給羅列出來：

第一、約書亞是一位能驍勇善戰，能打仗的戰士，是將軍。
第二、約書亞是信心極大的冒險家。
第三、約書亞也是一個順服的僕人和幫手。
第四、約書亞還更是一位渴慕更多與神親近關係的人。
第五、約書亞衷心事奉，他為他的主人摩西火熱。
第六、最重要是:約書亞是心中有神的靈在裡面的人。

第一、說約書亞是一位「驍勇善戰」，能「打仗」的戰士，這點我們印象深刻，因為以色列百姓出埃及的「第一場戰事」，與亞瑪力人的征戰，摩西把這個攸關以色列全體「性命存亡」的任務，就是交付給了「勇敢的」約書亞，出埃及記 17:10,13：

> 『於是約書亞 **照摩西對他所說的話行，和亞瑪力人爭戰**。.
> **約書亞用刀殺了** 亞瑪力王和他的百姓。』

第二、約書亞是「信心極大」的「冒險家」，這就讓我們想到民數記第四段妥拉<打發>篇當中的「探子事件」，當十個探子回來報「惡信」導致全營崩潰，甚至就連摩西-亞倫都在爭鬧的以色列全會眾「撲倒-俯伏」在百姓前，此時，約書亞立刻無所畏懼、大有信心地向以色列全體百姓「信心喊話」，約書亞對他們說，民數記 14:7-9：

> 『我們所窺探、經過之地是 **極美之地**。
> 耶和華若喜悅我們，就 **必將我們 領進那地**，把地 **賜給我們**；
> 那地原是流奶與蜜之地。
> 有 **耶和華 與我們同在，不要怕 他們**！』

第三、約書亞是一個順服的「僕人-幫手」，他在事奉上有「僕人」的心腸，關於這一點，出埃及記 24:13 這節經文有清楚的描敘，出埃及記 24:13：

> 『摩西和 **他的 幫手/服事者(מְשָׁרְתוֹ)** 約書亞 起來，
> 上了上帝的山。』

這節經文中的「幫手」，希伯來文(מְשָׁרֵת)，直白的翻譯就是「**服務-服役**」，英文 **serve**. 在現代希伯來文 (מְשָׁרֵת) 這個字指的其實就是「**服兵役**」，所以「**幫手-服役者**」這個字背後的意涵指的就是: 一個願意為了「人民的福祉」而「**犧牲自己**」利益和好處的人。

第四、約書亞還更是一位渴慕更多「與神親近」關係的人，這讓我們想到，在出埃及記 33 章，發生嚴重的金牛犢事件後，摩西離開以色列全會眾，在外邊自己支搭帳棚，但有一個人卻沒有離開會幕，出埃及記 33:11：

> 『耶和華與摩西 **面對面說話**，好像人與朋友說話一般。
> 摩西轉到營裏去，惟有 **他的 幫手 (מְשָׁרְתוֹ)**，
> 一個少年人嫩的兒子 **約書亞 不離開 會幕**。』

約書亞「不離開」會幕這個耶和華神與摩西「說話-相會」的地方，可見約書亞「渴望」摩西與耶和華神之間的「親近」關係。

第五、約書亞是一個對主人事奉「衷心」的人。一個人有「衷心」的品格這是非常重要的，不論是在工作上、家庭上、事奉上都是如此。

在民數記 11:27-29 的經文提到，當以色列營地當中有人在「說預言」時，約書亞的「護主」之火熱，立刻燃起，約書亞說：

『「請我主摩西 禁止他們。」
摩西對他說：「你 為我的緣故 嫉妒人嗎？
惟願耶和華的百姓都受感說話！
願耶和華把他的靈降在他們身上！」』民數記 11:28-29

由此可見，約書亞為他所事奉的主人:摩西「衷心-火熱」。

最後、屬靈領袖最重要，「必須要」具備的一個特質就是，心中有「神的靈」，要有「神真理」的靈在這個領導的心中。在民數記 27:18-20 和 申命記 34:8-9 這兩段的經文都提到: 約書亞是有「神的靈」，有神「智慧的靈」在裏頭的人，申34:9：

『嫩的兒子約書亞；
因為摩西曾按手在他頭上，就被 智慧的靈 充滿，
以色列人便聽從他，照著耶和華吩咐摩西的行了。』

是的，一個屬靈領袖，他的「屬靈景況」是最重要的，如果他是一個明白「神心意-計畫」的領導者，那麼他就能「正確地帶領」會眾，按著神「真理的引導」，來完全成就「神手中的工作」。

最後，用約翰福音 10:14-16 這段經文來作一個小結：

『我是好牧人；我認識我的羊，我的羊也認識我，正如 父(耶和華) 認識我，我也認識 父 (耶和華) 一樣；並且 我為羊捨命。我另外有羊，不是這圈裏 的；我必須 領他們來，他們也要聽我的聲音，並且要 合成一群，歸 一個牧人 了。』

## 三、 誦讀律法書

『摩西將 這律法 (**הַתּוֹרָה הַזֹּאת**) 寫出來，交給抬耶和華約櫃的祭司利未子孫和以色列的眾長老。摩西吩咐他們說：「每逢七年的末一年，就在豁免年的定期住棚節的時候，以色列眾人來到耶和華－你上帝所選擇的地方朝見他。那時，你要在以色列眾人面前將 這律法 (**הַתּוֹרָה הַזֹּאת**) 念給他們聽。要招聚他們男、女、孩子，並城裏寄居的，使他們聽，使他們學習，好敬畏耶和華－你們的上帝，謹守、遵行 這律法 (**הַתּוֹרָה הַזֹּאת**) 的一切話，也使他們未曾曉得 (這律法) 的兒女得以聽見，學習敬畏耶和華－你們的上帝，在你們過約旦河要得為業之地，存活的日子，常常這樣行。』申 31:9-13

在上面這一段經文中，其中一個最重要的關鍵字，就是「這律法」(**הַתּוֹרָה הַזֹּאת**)，「這妥拉」。

這段妥拉的標題叫<他離去>，摩西準備<離開>以色列百姓。雖然摩西將<離去-離開>，但他告訴以色列人，不要害怕，因為有耶和華神會「親自帶領」你們、親自「保護-護衛」你們。

此外，最要緊的事就是，你們一定要好好的「研讀-教導」神的律法，一定要好好的使你們自己，以及你們的兒女、後代、子孫們「謹守遵行」耶和華神所親自啟示和頒布「這律法/這妥拉」(**הַתּוֹרָה הַזֹּאת**)。

這也就是為什麼，耶和華神要明定，每七年的「**住棚節**」，全國百姓，都必須要有一次這樣的「**公共的聚集**」，來到耶和華神所選擇「**立為祂名**」的居所和地方，一起做一件事，就是「**一起誦讀**」「**這律法**」，也就是耶和華神的「妥拉」。

因為，耶和華神要使祂與以色列先祖「所立的約」「不斷地-被更新」，而不是讓這律法或這約「變舊」。

正如在上段妥拉<站立>篇，申 29:15 所說的：

> 『凡與我們一同站在耶和華－我們上帝面前的，.
> 並 今日不在我們這裏的人，我也與他們 立這約，起這誓。』

這也就是說，「歷世歷代」的以色列人、「每一個世代」的猶太人，都要來到神的「**這律法書**」這部妥拉 面前，聆聽、學習耶和華神的一切律例、典章、法度、

誡命，然後，要與耶和華神「立約」，並且「謹守遵行」神的這律法書。

所以，我們才說，神的約、神的律法(妥拉) 並「不會」變舊，因為耶和華神會
與「每個世代」的以色列餘民「立約」，使得這約「永保常新」，甚至「永遠有效」。

神所立的約、神的律法是「永遠有效」的，這個在上段妥拉<站立>篇的第五段
信息「天地都要作見證」已經分享過，那就是: 耶和華神所和以色列百姓立的這
「永恆盟約」、這「律法書/妥拉」，就連耶和華神所創造的「天-地」這兩個比人
類歷史存在時間還要更久遠的，這個「亙古常存」的大自然，也要來「見證」著
這份盟約的「永遠有效」和「真實存在」。

因為神的律法是「永遠有效」和「真實存在」的，所以耶和華神規定，將來在以
色列做王的「政治」統治者，必須要花時間 為「自己抄錄」一本律法書(妥拉)
「放在手邊」，這是在申命記第五段妥拉<審判官>篇中的第三段信息「抄錄律法
書」所已經分享過的。申 17:18-19:

『他登了國位，就要將祭司利未人面前的 這律法書/妥拉(הַתּוֹרָה הַזֹּאת)，為自己
抄錄一本，存在他那裏，要平生誦讀，好學習敬畏耶和華－他的上帝，謹守遵行
這律法書/妥拉 (הַתּוֹרָה הַזֹּאת) 上的一切言語和這些律例。』

上面申 17:18-19 的「這律法書/妥拉」(הַתּוֹרָה הַזֹּאת) 這個詞組也就是前文讀申
30:9-13 經文中一連「重複出現」三次的這個詞組「這律法」(הַתּוֹרָה הַזֹּאת)。

『愛祢律法 (妥拉) 的人有大平安，
甚麼都不能使他們絆腳。』詩篇 119:165

שָׁלוֹם רָב לְאֹהֲבֵי תוֹרָתֶךָ
וְאֵין-לָמוֹ מִכְשׁוֹל

是的，願我們每位，都能好好地讀神的話，並「平生誦讀」，為要使我們「學習
敬畏」這位創造天地宇宙萬物的耶和華神。

## 四、 預言「全然敗壞」

摩西的<離去>，從一個更高的眼界、和更長遠的角度來說，就好像是以色列百姓，從此時開始，成了一群「沒有好牧人」的羊群一般。

所以在摩西準備要<離去>時，耶和華神其實已經預見到這群「硬著頸項」的以色列百姓，他們「未來」的發展方向和「後來」的命運，申 31:16：

> 『耶和華又對摩西說：「你必和你列祖同睡。
> 這百姓要起來，在他們所要去的地上，在那地的人中，
> 隨從外邦神 行邪淫，離棄我，違背 我與他們 所立的約。」』

然後，接下來的經文，就是筆者在前面利未記、申命記好幾段妥拉中許多段信息所已經分享過的，耶和華神「早已預告」，透過摩西向以色列百姓「預言」，將來得地為業後，他們會「犯罪-敗壞」，然後因著「違約」而遭到耶和華神的「怒氣-懲罰」，這就是申 31:17 耶和華神所說的：

> 『那時，我的怒氣 必向他們發作；
> 我也必離棄 他們，掩面不顧 他們，
> 以致 他們被吞滅，並有許多的 禍患災難臨到 他們。
> 那日他們必說：
> 『這些禍患臨到我們，豈不是 因我們的上帝 不在我們中間 嗎？』』

摩西甚至說的更直接，申 31:29：

> 『我知道我死後，你們 必全然敗壞，
> 偏離 我所吩咐你們的道，行耶和華眼中 看為惡的事，
> 以手所做的 惹袂 (耶和華神) 發怒；日後必有 禍患 臨到你們。』

以色列百姓的過約旦河，前進迦南，必「全然敗壞」，在士師記的兩段經文中，清楚的被記載下來，先來看士師記 2:7-10：

『約書亞在世和約書亞死後，那些見耶和華為以色列人所行大事的長老還在的時候，百姓都事奉耶和華。耶和華的僕人、嫩的兒子約書亞，正一百一十歲就死了。那世代的人也都歸了自己的列祖。後來有 別的世代 興起，不知道耶和華，也不知道耶和華為以色列人所行的事。』

正如士師記這段經文提到的，在約書亞過世後，新的世代起來「不知道」耶和華神，也「不曉得」耶和華神為以色列人所做的事，所以接下來，士師記 2:11-13 的經文立刻就提到：

> 『以色列人 **行耶和華眼中看為惡** 的事，去事奉諸巴力，
> **離棄了 領他們 出埃及地 的 耶和華－他們 列祖的上帝，**
> 去叩拜別神，就是四圍列國的神，**惹耶和華發怒；**
> **並離棄 耶和華，**去事奉巴力和亞斯她錄。』

以色列百姓的「離棄」耶和華神，以至「犯罪-敗壞」的一個其中主要的原因，正是在我們一開始讀的第一段士師記的經文所提到的，是因為「新的世代」、後起的以色列人並「不知道」耶和華神，「不知道」耶和華神過去為以色列先祖所做的一切「偉大-救贖」的神蹟奇事。

所以摩西才會 (預先) 吩咐以色列人，日後進去迦南地以後，每七年，要號召全國百姓，「一起誦讀」耶和華神的「律法書」(妥拉)，目的就是要以色列的後代子孫，世世代代「都記住」耶和華神過去為以色列所做的一切「偉大-奇妙」之事，都「永遠記住」耶和華神所與你們以色列先祖立的這「永恆盟約」，這是在這上一段信息「誦讀律法書」所已經分享過的內容。

耶和華神的律法(妥拉) 除了是要「世世代代」提醒以色列人，並且也向萬邦列國，向世人清楚顯明，你們以色列先祖的上帝:耶和華神，曾經與你們立過一個「永恆誓約」。

耶和華律法(妥拉) 「必須存在」的另一個很重要的目的，就是要來「見證」以色列的「不是」，來「見證」以色列的「違約-背道」，正如申 31:26-28 摩西吩咐利未人說的這段話：

> 『將 **這律法書(妥拉)** 放在耶和華－你們上帝的約櫃旁，
> 可以在那裏 **見證以色列人的不是**；
> 因為我知道你們是 **悖逆的，**是 **硬著頸項的。**
> 我今日還活著與你們同在，你們尚且 **悖逆耶和華，**何況我死後呢？
> 你們要將你們支派的眾長老和官長都招聚了來，
> 我好將這些話說與他們聽，並 **呼天喚地 見證** 他們的不是。』

此外，耶和華神的律法(妥拉)本身，也會親自見證「這約」的「真實存在」及「永遠有效」，因為當以色列「離棄」耶和華神「違約-背道」的時候，按著「約」的條款，**「咒詛-災禍」**也會如實臨到，正如我們在過去兩千年來，真實看到，也親

眼見證: 以色列人的「國破家亡」，被「趕散-流亡」到世界各地。正如申 31:17-18
節說的：

『那日他們必說：『這些禍患 臨到我們，

豈不是因 我們的上帝 不在我們中間 嗎？』

那時，因他們 偏向別神 所行的 一切惡，我(耶和華) 必定掩面不顧 他們。』

最後，耶和華神要摩西寫一首歌 (申命記 32 章)，用詩歌的體裁，好讓後代的子
孫們方便「記憶-背誦」，甚至還能「歌詠-吟唱」。申 31:19：

『現在你要寫一篇歌，教導以色列人，傳給他們，

使這歌 見證 他們的不是。』

# 五、「永不廢去」的約

在申命記前面幾段妥拉，筆者都已分享過，耶和華神與以色列「所立的約」乃是
一個「永恆盟約」，是一個從古至今，都「沒有被廢去」的「神聖誓約」，譬如在：

申命記第五段妥拉<審判官>篇的第三段信息「抄錄律法書」、
申命記第七段妥拉<進來>篇的第三段信息「寫在石頭上」、
申命記第八段妥拉<站立>篇的第五段信息「天地都要作見證」、
申命記第九段妥拉<他去>篇的第三段信息「誦讀律法書」。

在摩西<他離去>篇的這段妥拉中，正如我們在上一段信息「預言全然敗壞」所
已經分享過的。

縱使摩西<他離去>，或摩西的接班人:約書亞也<離去>，整個知道耶和華神的世
代也<離去>、好多個世代<過去>，甚至連天地都廢去，但神的話、神的約，卻
「永不廢去」。

因為耶和華，以及耶和華神自己的「律法」(妥拉) 會親自成為歷世歷代的「見
證」、成為一個「堅不可摧」的「神聖證物」。

耶和華神的「律法-誓約」除了會向萬邦列國以及世人顯明，並「證明」這約的

「真實存在」和「永遠有效」，此外，更重要的是，耶和華神的「律法-誓約」還要來「證明」以色列的「不是」，證明以色列百姓的「違約-背道」，證明他們「離棄」耶和華神，所以遭到耶和華神的「懲罰-趕散-流亡」到世界各地，以此也來向以色列人，以及列國的世人證明，這約的確是「真實存在」，而且時至今日，仍然具有「法律效力」。

在<他去>篇這段妥拉中，可以觀察到一些關於「約、見證、律法(妥拉)、起誓」等等這些字眼，出現在經文中的次數非常頻繁。

第一個字「約」(בְּרִית)，出現在 申 31:9, 16 , 20, 25, 26，這幾處經文多半是提到，耶和華神的「約」櫃，以及以色列人背棄神與他們 所立的「約」。

神的「約」(בְּרִית) 當然是非常重要的，所以才會被小心翼翼地安放在這個大祭司一年一度才能進去的「最神聖」的空間，也就是「至聖所」裡面的「最貴重」的聖物當中，也就是上面有兩個基路博「看守-護衛」的「約」櫃 裡。由此可見，耶和華神非常「珍視-寶貴」祂和以色列人所立的「約」。

第二個字「見證」(עֵד)，出現在 申 31:19, 21, 26 ,28 這四處的經文中，28 節是以「動詞」(הֵעִיד) 的形式出現。

有「見證」(עֵד) 這個字出現的經文，全部都是在講述「見證」以色列的「不是」，或者再進一步說，耶和華神的「律法」(妥拉)，祂與以色列百姓所立的「約」，會向以色列人以及萬邦列國來顯明，「這律法-這約」就是一個無法抹滅和不能廢去的「見證-證物」，為的是要「強力證明」耶和華神與以色列，曾經立下了一個永恆的「神聖誓約」。

第三個字「律法書-妥拉」(תּוֹרָה)，這個字出現在 申 31:9 ,11 ,12 , 24, 26 這五處的經文。關於「律法-妥拉」，筆者在利未記的第十段妥拉<在我的律例>篇中的第一段信息「行在我的律例」、第二段信息「律法與妥拉」和第三段信息「耶穌與律法」都有詳細的論述。

第四個字「起誓」這個動詞 (נִשְׁבַּע)，出現在 申 31:7, 20 , 21, 23 這四處的經文，每一次出現的時候，都是提到耶和華神向以色列的先祖「起誓」，要「賜給」以色列後代子孫「應許之地」這件事情。

以上，介紹了在這段妥拉<他離去>篇中，四個出現頻率很高，同時也是在整個耶和華神的律法，整本妥拉 (摩西五經) 當中，非常重要的四個單字，依序是:

1.「約」(בְּרִית)

2.「見證-證物」(עֵד)

3.「律法書-妥拉」(תּוֹרָה)

4.「起誓」(נִשְׁבַּע)

是的，就如父神耶和華所差派來的愛子彌賽亞耶穌他所說的，馬太福音 5:18：

『我實在告訴你們：就是到天地都廢去了，
(父神耶和華的) 律法 (妥拉) 的 一點一畫 也 不能廢去，都要成全。』

## 問題與討論：

1. 一個合神心意的好牧人/好牧者，他是「**領人來跟隨神**」；還是帶人來跟隨他自己，成為他自己的「信眾和粉絲」？

2. 在第二段信息「**交棒約書亞**」一文中談到，因著約書亞身上所具備的一些重要的人格特質，所以耶和華神揀選約書亞成為摩西的繼任者，請問約書亞具備哪些重要的人格特質，才使得他可以肩負並成為帶領以色列人「前進迦南-得地為業」的領導者？

3. 在申 31:9-13 這段經文中，摩西吩咐以色列百姓，將來過河，得地為業後，要在應許地上，每七年的末一年，在 **住棚節** 的時候，全體百姓都要聚集到 **耶和華－你上帝所選擇的地方** (耶路撒冷) 朝見神，並且還要一起做一件很重要的事，請問這是什麼事？ 而且，為什麼要做這件事？

4. 摩西的<離去>，從一個更高的眼界、和更長遠的角度來說，就好像是以色列百姓，從此時開始，成為一群「沒有」好牧人的羊群一般，所以在摩西準備要<離去>時，耶和華神其實「已經預見」到這群「硬著頸項」的以色列百姓，他們「未來」的發展方向和「後來」的命運，請問: 以色列在摩西和約書亞相繼過世後，未來走上什麼樣的道路和方向？ (參考 **申 31:16-29** 這段經文)

5. 在第五段信息「**永不廢去的約**」一文中提到，在這一段妥拉中，可以發現到，有四個字詞，出現的次數非常頻繁，請問這四個希伯來文字是什麼？ 他們頻繁地出現是要強烈表達什麼樣的主題和信息？

# 申命記 **No.10** 妥拉

# <側耳聽>篇（**פרשת האזינו**）

## 本段妥拉摘要:

申命記第十段妥拉，標題<**側耳聽**>，希伯來文(**הַאֲזִינוּ**)。

<**側耳聽**>這段妥拉，其實就是申命記 32 章的「**摩西之歌**」，這一首摩西寫下來，是要來「見證」以色列的「不是」的詩歌，見證以色列將來會「違約-背道」，以及「忘記-離棄」耶和華神的一首「警世」之歌。

摩西在這首歌裡，被耶和華神啟示，從一個「永恆」的角度，一個「最高」的視野，來敘說並「預言」以色列「過去-現在-將來」的歷史發展的整個「全景」藍圖。

申命記 32 章的經文，講述的內容依序從: 以色列的「被救贖」，選召成為耶和華神的「聖民-產業」，到「進入迦南」應許之地，然後「離棄」耶和華神，受到神的「憤怒-懲罰」，被耶和華神「趕散-流亡」到列國，以至於「近乎滅亡」，但是卻又再次被耶和華「招聚-回歸」，

最後，當列國要來攻打耶路撒冷和以色列時，耶和華神會「敵擋列國」，伸祂僕人以色列流血的冤，並「潔淨」以色列地，然後「最終救贖」以色列。這也就是這首詩歌，「最後」一節「總結」的經文內容，申 32:43:

> 『你們 外邦人 當與 主 (耶和華神) 的百姓 一同歡呼;
> 因 祂要伸祂僕人 流血的冤，回頭報應他的敵人，
> 並 **潔淨救贖** 祂的地、祂的百姓。』

申命記 **No.10** 妥拉 <側耳聽> 篇 （**פרשת האזינו**）

經文段落:《申命記》32:1-52
先知書伴讀:《撒母耳記下》22:1-51
詩篇伴讀: 71
新約伴讀:《羅馬書》10:14-11:36

## 一、 諸天，<側耳聽>

申命記第十段妥拉標題<側耳聽>。經文段落從申命記 32 章 1 節到 52 節。<側耳聽>這個標題，在申 32:1：

> 『諸天哪，**側耳聽**，我要說話；願地，也聽我口中的言語。』
> **הַאֲזִינוּ הַשָּׁמַיִם וַאֲדַבֵּרָה; וְתִשְׁמַע הָאָרֶץ אִמְרֵי-פִי**

這段妥拉的標題: <側耳聽> (**הַאֲזִינוּ**) 就是希伯來經文申 32:1 的第一個字，這個字 (**הַאֲזִינוּ**) 這個命令式的動詞，就是申命記第十段妥拉的標題。

正如標題<側耳聽>，摩西所大聲疾呼要來宣告的，對著這群即將過河的以色列百姓說出，或者說唱出的這一首詩歌，它乃是「天、地」都要來「見證」的「神聖誓約」，是一份耶和華神與以色列所立的「永恆盟約」。這份誓約，摩西要以色列人好好地<側耳聽>。

在這首歌裡面，摩西被耶和華神啟示，從一個「永恆」的角度，一個「最高」的視野，來敘說並預言以色列「**過去-現在-將來**」歷史發展的「**全景**」藍圖。

從以色列的被救贖，選召成為耶和華神的「聖民-產業」，到「進入迦南」應許之地，然後「離棄」耶和華神，被耶和華神「趕散」，又再次被耶和華「招聚-回歸」，最後當列國要來攻打耶路撒冷和以色列的時候，耶和華神會「敵擋列國」，伸祂僕人以色列流血的冤，並潔淨以色列地，然後「最終救贖」以色列。

以上,剛才我們說的這些內容,其實就是整個申命記 32 章這首詩歌的內容精要,

這些內容，基本上可以說是摩西「一鏡到底」「直到終末」的預言，是關乎以色列，當然也是關乎列國的「最終預言」。

這樣的預言，是耶和華神向摩西「啟示」顯明出來的，所以在詩歌的一開始，摩西除了向以色列百姓「鄭重聲明」這首歌，這份誓約，是「天、地」都要來「作見證」的之外，當然一開始就是向耶和華神來宣告，「稱頌-頌讚」這位「創造」天地宇宙萬物的上帝:耶和華神，申 32:3：

> 『我要宣告 耶和華 的名；
> 你們要尊 我們的上帝 為大。』

כִּי שֵׁם יְהוָה אֶקְרָא
הָבוּ גֹדֶל לֵאלֹהֵינוּ

是的，耶和華神就是那位「統管萬有」，「掌管歷史」的造物主，耶和華神在天上「運籌帷幄」，「調度所有」，他是「主導」世界歷史發展背後的那一隻「看不見」的手。

此外，耶和華神還是一位「信實」的上帝，是「守約」的上、「公義-正直」的上帝，並且堅若「磐石」。申 32:4，摩西向以色列百姓，也向世人清楚的說到，耶和華神：

> 『他是 這磐石，他的作為完全，他所行的全都 公平，
> 他是 信實的 上帝，沒有不義，他又 公義，又 正直。』

הַצּוּר תָּמִים פָּעֳלוֹ כִּי כָל-דְּרָכָיו מִשְׁפָּט
אֵל אֱמוּנָה וְאֵין עָוֶל צַדִּיק וְיָשָׁר הוּא

在 32:4 有一個重要的字「磐石」(צור)，這個字在這段妥拉<側耳聽>篇當中重複出現 七 次，分別在 32:4, 13 , 15, 18 , 30 ,31 ,37.這七處的經文中。

這正是要特別強調一件事，就是，耶和華神他把自己比做 堅固的「磐石」，他所說的話，所與以色列堅立的「永恆盟約」、「神聖誓約」是「永不廢去」，也「永不改變」的。

又因為召你們的，救贖你們的這位主:耶和華神是「誠實-可靠」的上帝，他所說的，或者說「他所預言」，都一定會「如實發生」，所以你們一定要聽他的話，並且「謹守遵行」耶和華神的律法。

因為，不僅是你們以色列人，世人、還有萬邦列國，甚至就連耶和華神所創造的「天、地」，**都要來**「見證」祢與以色列所立的「永恆婚約」，正如摩西最後要和以色列人離別前，所大聲呼喊：

『諸天哪，<側耳聽>，我要說話；
願地，也要聽我口中的言語。』

## 二、 眼中的瞳人

『你當 追想上古 之日，思念歷代 之年；
問你的父親，他必指示你；問你的長者，他必告訴你。』申 32:7

在申命記前面幾段的妥拉中，譬如:

第二段妥拉<我懇求>篇的第四段信息「獨行奇事的神」、
第三段妥拉<如果>篇的第二段信息「記住神大能」、
第七段妥拉<進來>篇的第一段信息「一個將亡的人」。

筆者都有分享過，摩西對這群即將過河的以色列百姓，反覆地提醒，告誡他們，「**不能忘記**」從前耶和華神是如何地用「大能的手」、「伸出來的膀臂」，用一切的「神蹟-奇事」來「全力搶救」你們，「救贖」你們離開為奴之地的埃及，「脫離」法老殘忍的奴役-殺戮，並差派「雲柱-火柱」來超自然的「保守-護衛」你們，且使你們來到<西奈山>與耶和華神「相認」，耶和華神又與你們以色列「立約」，要使你們成為『祭司的國度，聖潔的子民』，並還在你們當中豎立一個「神同在」、「榮耀彰顯」的神聖空間:會幕。

耶和華神之所以要為你們以色列百姓做這一切，做這麼多「**偉大-神蹟-榮耀-權能**」的奇事，原因無它，只因耶和華神與你們的先祖:「亞伯拉罕-以撒-雅各」立下「永約」，耶和華神「承諾-應允」你們會有「後代子孫」，並能「得地為業」。

耶和華神之所以在以色列人在埃及「為奴-受苦」、遭「逼迫-殺害」的時候，要啟動震撼的十災，來「擊打」埃及帝國和「嚴懲」法老，這乃是因為申 32:9 所說的：

『因 耶和華的分，就是 祂的百姓；

雅各 乃是 祂的產業。』

כִּי חֵלֶק יְהֹוָה עַמּוֹ;
יַעֲקֹב חֶבֶל נַחֲלָתוֹ

所以，耶和華神，當然不容許他國，或是別的帝國的、政治勢力的強權，在耶和華神「自己的產業」上，無故迫害並且殺戮，甚至是「毀滅殆盡」。

這也就是我們在「出埃及記」這卷書，尤其是出埃及記前三段妥拉<名字>篇、<我顯現>篇，以及<來到>篇所已經看到，就是當一個帝國「迫害-殺戮」以色列到了要「種族滅絕」的緊急狀態，這個時候，耶和華神就會「強力介入」到人類歷史中，不惜一切代價「全力搶救」以色列。

這個就是「以色列」與「列國」互動關係在歷史發展上屢見不鮮的「一個通則」。

申 32:10-11，摩西用 眼中的瞳人，和 雛鷹 的比喻，把耶和華神與以色列的「永恆-誓約」關係描述的非常生動：

『耶和華遇見他在曠野－荒涼野獸吼叫之地，

就 環繞他，看顧他，保護他，如同 保護眼中的瞳人。

又 如鷹攪動巢窩，在雛鷹以上 兩翅搧展，接取雛鷹，背在兩翼之上。』

是的，從整部妥拉(摩西五經)，甚至是整本希伯來聖經，看的很清楚，以色列是由耶和華神「揀選-呼召」出來，特要做耶和華神的子民，他們領受一個「特殊的命定」，就是要在萬邦中，成為「列國的光」，要讓「神的榮耀」彰顯在其中。

所以，在以色列的民族發展史上，我們確實看到許多耶和華神「律法(妥拉)」全面影響之下所存留「聖約的痕跡」，耶和華神所「親自頒布」的這些典章、律例、法度、誡命，都還能在現代的「以色列-猶太人」這個「民族實體」的身上看的具體而清楚。這樣擺在眼前的現實，其實也就證明摩西在申 32:12 所的這句話：

『這樣，耶和華 獨自引導 他，

並無 外邦神 與他同在。』

יְהֹוָה בָּדָד יַנְחֶנּוּ;
וְאֵין עִמּוֹ אֵל נֵכָר

# 三、「耶和華交出」他們

> 『但耶書崙漸漸肥胖，粗壯，光潤，踢跳， 奔跑，
> 便 **離棄** 造他的上帝，
> **輕看** 救他的磐石；**敬拜** 別神，
> **觸動上帝的憤恨**，行可憎惡的事，**惹了祂的怒氣**。』申 32:15-16

這段經文裡的「**耶書崙**」(ישׁרוּן)，指的當然就是以色列。

摩西「預言」以色列進入迦南，得地為業後「會離棄」耶和華神，然後「犯罪-敗壞」，這在申命記前面的幾段妥拉中，譬如：

第二段妥拉<我懇求>篇的第三段信息「趕散與回歸」、
第八段妥拉<站立>篇的第二段信息「這地的災殃」、
第九段妥拉<他離去>篇的第四段信息「預言全然敗壞」，

其實都已經詳細分享過。

申 32:20，耶和華神自己說：

> 『我要向他們 **掩面**，看他們的結局如何。
> 他們本是 **極乖僻** 的族類，心中 **無誠實** 的兒女。』

當以色列百姓「乖僻-背道」，不行在神的「律法-正道」當中時，那麼，耶和華神就會把祂對以色列的保護傘「暫時」收起來，正如經文說: 耶和華神會「**掩面-不顧**」，不保護以色列，尤其是當周邊其它的政治勢力、強大帝國「來侵略」的時候。關於耶和華神會「暫時收起」對以色列的「保守-護衛」，在前面利未記的第十段妥拉<在我的律例>篇的第四段信息「祝福與咒詛」中，有過非常詳細的討論和分享。

這裡要說的是，除了耶和華神「暫時收起」保護傘之外，以色列人因為「違約-背道」所遭致而來的懲罰「禍患」，甚至「傷亡」，其實都是耶和華神「容許」發生，甚至是耶和華神自己「使得」這些災難得以發生的，申 32:23 耶和華神自己憤恨地說道：

> 『我要將 **禍患** 堆在 **他們身上**，
> 把 **我的箭** 向他們 **射盡**。』

因著以色列人「進入」應許地，但卻在這塊牛奶與蜜之地上「犯罪-敗壞」，最後，使得他們被耶和華神「趕散-流亡」到列國去，這在前面申命記的第七段妥拉<進來>篇的第五段信息「分散在萬民中」也已分享過。

來到申命記 32 章，這一首是摩西要寫來「**見證**」以色列的「**不是**」的這首歌當中，耶和華神以「第一人稱」直接向以色列百姓，以及「萬邦列國」的世人「清楚說明-澄清」一件事，那就是：

將以色列人「趕散-流亡」的，**是我耶和華神「自己」，這事乃是出於我耶和華神**，「並不是」你們地上的列國強權：

> 『我 (耶和華神) 說，**我 必將他們 分散遠方**，
> 　　　　他們的名號從人間除滅。
> 　　惟恐仇敵惹動我，**只怕敵人錯看**，說：
> 　　是我們手的能力，**並非耶和華所行的**。』申 32:26-27

申 32:30 的經文，耶和華神講的更直白，耶和華神說：

> 『若不是 **他們的磐石 賣了他們**，若不是 **耶和華 交出他們**，
> 　　一人焉能追趕他們千人？二人焉能使萬人逃跑呢？』

所以，如果地上的「列國-強權」以為「征服-佔領」以色列地，並且「趕散」猶太人，使他們「流亡」到世界各地，完全是出自於「他們自己」世俗的權力，和軍事上強大的武力，以至於這些列國「得意忘形」，開始去隨意地「迫害-殺戮」以色列人的時候。

那麼，耶和華神就會「強行介入」到歷史中，並且向列國來證明，**以色列「仍然是」耶和華「神的產業」**，「依舊是」耶和華神會「誓死保護」的百姓和子民，正如申 32:36 所說：

> 『耶和華見 **祂的百姓 毫無能力**，
> 　　無論困住的、自由的 都沒有剩下，
> 　就 **必為他們伸冤**，為祂的僕人 後悔。』

## 四、「救贖」以色列

『你們如今要知道：我，**惟有我是上帝**；在我以外並無別神。
**我使人死，我使人活**；
我損傷，我也醫治，並無人能從我手中救出來。』申 32:39

רְאוּ עַתָּה כִּי אֲנִי אֲנִי הוּא וְאֵין אֱלֹהִים עִמָּדִי
אֲנִי אָמִית וַאֲחַיֶּה,
מָחַצְתִּי וַאֲנִי אֶרְפָּא, וְאֵין מִיָּדִי מַצִּיל

是的，正如在上段信息「耶和華交出他們」所已經分享的，因著以色列百姓在應許地「犯罪-敗壞」，而導致土地成為「荒場」，世人看到迦南地所受的「災殃」，以色列人也遭受到「違約」的「最終懲罰」，那就是: 被耶和華神「趕散-流亡」到世界各地。

既然，施行「趕散-除滅」的是耶和華神，耶和華神因著以色列人的「背道-離棄」而使他們「國破家亡」，同樣的，耶和華神也有這個「**大能-權柄-能力**」，將這個幾乎要「滅種-消失」在這個地球上的民族:以色列，使他們再次「**復活**」，經歷那奇蹟般「死而復生」的「召聚-回歸-重建」。

就如同剛才在申 32:39 讀到的經文：

『你們世人 如今要知道：我，**惟有我耶和華**，是這位 **創造天地宇宙萬物** 的上帝，我是上帝；在我以外並無別神。我使以色列民幾乎 滅絕死亡，我也有能力使以色列 再次復活。』

說到這裡，這也就讓我們想到以西結書 37 章記載的那驚天動地的「**枯骨復活**」異象，以西結書 37:11-13：

主對我說：「人子啊，這些 骸骨 就是 以色列全家。
他們說：『我們的骨頭枯乾了，我們的 指望失去 了，我們 滅絕淨盡 了。』
所以你要發預言對他們說，主耶和華如此說：
『我的民哪，我必開你們的墳墓，使你們從墳墓中出來，領你們進入以色列地。
我的民哪，我開你們的墳墓，使你們從墳墓中出來，
**你們就知道 我是耶和華。**』

以西結所看見的這個「**枯骨復活**」的異象，其實就是「趕散-流亡」的以色列餘民被耶和華神再次「召聚-回歸」，回到先祖之地上「恢復-重建」以色列的這件事情。

關於以色列餘民的「召聚-回歸」，在先前的妥拉當中也有許多分享，譬如在:

利未記第九段妥拉<在西奈山>篇的第五段信息「禧年的終末論」，
利未記第十段妥拉<在我的律例>篇的第五段信息「守約的神」，
申命記第二段妥拉<我懇求>篇的第三段信息「趕散與回歸」。

再回到申命記 32 章的經文，申 32:41:

> 『我若磨我閃亮的刀，手掌審判之權，
> 就必報復 我的敵人，報應 恨我的人。』

誰是「耶和華神的敵人」，誰是「恨耶和華神的人」呢？那當然就是「與以色列為敵」，「來攻打以色列」的列國和政治強權。撒迦利亞書 14:2-3,12 這幾節經文說的很清楚:

> 『因為我必聚集 萬國 與耶路撒冷爭戰，
> 城必被攻取，房屋被搶奪，婦女被玷污，城中的民一半被擄去;
> 剩下的民仍在城中，不致剪除。那時，
> 耶和華必出去與那些國爭戰，好像 從前爭戰一樣。
> 耶和華 用災殃攻擊 那與耶路撒冷爭戰的列國人。』

撒迦利亞書 14 章的整段經文，正是在預言那「大而可畏」的日子，「末日-最終」的大決戰，以色列和耶路撒冷會遭受到「列國」前所未有的侵略-攻擊，甚至是「毀滅」。

但正如撒迦利亞書 14 章所預告「戰爭的結局」，**列國將會「戰敗」**，並被耶和華神審判，然後，列國餘下的萬邦百姓，也會來到 耶路撒冷，一同與以色列百姓「同歡呼」，慶祝這個預表「神的帳幕在人間」的「住棚節」，這就是撒迦利亞書 14:16 所說:

> 『所有來攻擊 耶路撒冷 列國中剩下的人，
> 必年年上來 敬拜大君王－萬軍之耶和華，
> 並守 住棚節。』

不過令人震驚的是，撒迦利亞的「這個預言」，其實早在申命記 32 章的這首「摩西之歌」中，摩西就已向這群即將過約旦河，進入應許地的以色列百姓給陳明出來。

摩西對他們說，將來的以色列，就會在你們即將進去的「這塊應許之地上」**得著末日的「最終救贖」**，而且萬邦列國都會來到「這地」「普天同慶」，一同慶祝這個耶和華神在你們以色列身上所施展的「偉大救贖」，就像從前你們在埃及地經歷的十災那樣，申 32:43：

『你們 外邦人 當與 主的百姓 一同歡呼；
因祂要 伸祂僕人流血的冤，回頭報應他的敵人，
並 潔淨救贖 祂的地、祂的百姓。』

הַרְנִינוּ גוֹיִם עַמּוֹ
כִּי דַם-עֲבָדָיו יִקּוֹם ,וְנָקָם יָשִׁיב לְצָרָיו
וְכִפֶּר אַדְמָתוֹ עַמּוֹ

# 五、 關乎「你們生命」

申命記 32 章，這一首摩西寫來是要「見證」以色列的「不是」的一首歌，同時也「見證」這位「信實-守約」的耶和華神與以色列所立的「這約」的「真實存在」及「永遠有效」。

這首「摩西之歌」最後的結尾，申 32:46 摩西這樣對以色列百姓「總結」道，申 32:46 按希伯來原文直譯：

『(摩西) 他又對他們 (以色列百姓) 說：
「你們要 特別留心在這所有的事情 上，
就是 我今日 向你們 作見證的；
你要將 這律法 (妥拉) 上的一切話 吩咐你的子孫 謹守護衛-實踐遵行。」

在上面的經文中，摩西要以色列百姓「務要謹記」他在這一首歌裡所提到「一切所有」的內容，這些內容基本上就是已經把以色列的「過去-現在-未來」，甚至

是歷史「終末」的結局全部「預言到底」，或者可以說是全部「預言完畢」。

另外，耶和華神也已經把該「啟示」出來的「智慧-奧秘-真理」，全部都寫在「這部律法 (妥拉)」當中，所以，神透過摩西來吩咐-命令以色列人要好好「保存-傳承」這部聖法，並要「謹守護衛」-「實踐遵行」這律法(妥拉)上的一切話。

至於，為什麼以色列百姓一定要「謹守護衛」-「實踐遵行」這律法(妥拉)上的一切話，並且使之成為一項「必須要做」的誡命呢？

在接下來的經文，申 32:47 說的很清楚：

> 『因為 這 不是虛空、與你們無關的事，這乃是 關乎你們的生命；
> 在你們過約但河 要得為業 的地上，使你們在地上的日子 長久。」』

כִּי לֹא-דָבָר רֵק הוּא מִכֶּם כִּי-הוּא חַיֵּיכֶם
וּבַדָּבָר הַזֶּה תַּאֲרִיכוּ יָמִים עַל-הָאֲדָמָה אֲשֶׁר אַתֶּם עֹבְרִים אֶת-הַיַּרְדֵּן שָׁמָּה לְרִשְׁתָּהּ

是的，耶和華神的「律法」(妥拉)，祂向以色列所頒布的這一切「律例-典章-法度-誡命」，這一切的話，都「絕對不是」虛幻-虛空的，正好相反，都是「千真萬確」、「真實存在」，而且「永遠有效」的。並且，最重要的是，這套耶和華神給以色列百姓所立的「聖法」這部「約書」乃是關乎「生命/性命」的，是關乎你們以色列民族國家「存亡」的，更是關乎到你們是否能「在應許之地上」生活長久、得享平安-豐盛的。

所以，這也就可以具體地解釋，為什麼歷世歷代的猶太人，以至於直到今日，在以色列的猶太人，都還會如此地看重、首要看重耶和華「神的律法」，也就是「妥拉」(摩西五經) 的教導和研讀了。

最後，以詩篇 119:142 節來作一個小結：

> 『祢的公義永遠長存；祢的律法 (妥拉) 盡都真實。』
> צִדְקָתְךָ צֶדֶק לְעוֹלָם; וְתוֹרָתְךָ אֱמֶת

## 問題與討論：

1. <側耳聽>篇這段妥拉，其實就是申命記 32 章的「摩西之歌」，這一首歌之所以非常重要，是因為摩西 **被耶和華神啟示**，從一個「**永恆**」的角度看到了些什麼？

2. 在<側耳聽>篇這段妥拉中，有一個重要且關鍵的希伯來字重複出現 **七** 次，請問這個字是什麼？ 這個字之所以頻繁地出現，是要表達什麼信息和主題？

3. 在申 32:10-11 這段經文中，摩西是用什麼，來具象且生動地描述，耶和華神與以色列的那份「**永恆-誓約**」的關係？

4. 從申 32:26-27, 30 這幾處經文可以看得很清楚，在歷史上，真正將以色列人「**趕散-流亡**」的是來自耶和華神，還是地上的這些列國強權？

5. 為什麼這個幾乎要「**滅種-消失**」在這個地球上的民族: 以色列，居然可以再次「**復活**」，經歷那奇蹟般「**死而復生**」的「**召聚-回歸-重建**」？ 在以西結書 37:1-14 這段經文中，先知以西結看到什麼異象？

# 申命記 No.11 妥拉

## <祝福>篇（*פרשת וזאת הברכה*）

## 本段妥拉摘要：

申命記第十一段妥拉，標題<所祝的福>，希伯來文(**וְזֹאת הַבְּרָכָה**)，按標題<所祝的福>來看，這段妥拉講述，摩西最後要上尼波山「離世」前，對以色列百姓發表的「最後講話」，內容主要就是<祝福>以色列。摩西最後的<祝福>，開篇即提到耶和華神所賞賜給以色列人的 這一套充滿 「奧秘-啟示-智慧-亮光」的律法(妥拉)，申 33:2-3：『耶和華從西奈而來...，從萬萬聖者中來臨，從他右手為百姓傳出 烈火的律法。祂疼愛百姓；眾聖徒都 在祂手中。他們坐在祂的腳下，領受祂的言語。』因著耶和華神的「呼召-揀選」，以色列竟然有如此大的「榮耀-恩寵」，可以承接耶和華神那充滿「烈火的律法」，並得以來到耶和華神的腳跟前，聆聽並學習耶和華神的一切「律例、典章、法度和誡命」。

此外，摩西在最後的<祝福>也清楚告訴這群即將過河的以色列百姓，叫他們不要膽怯，不要驚惶，不要害怕前面的敵人，因為，當各支派「彼此合一、團結一致」時，耶和華神會親自成為你們大元帥，要在你們中間做王，成為萬軍之耶和華，這就是申 33:5 提到的：『百姓的 眾首領，以色列的 各支派，一同聚會 的時候，耶和華在耶書崙 (以色列) 中為王。』

摩西的<祝福>也告訴以色列百姓，無論將來會遇到多大的「逼迫-災難」，甚至是「攻擊-殺害」，你們以色列都不要害怕，因為『耶書崙(以色列) 哪，沒有能比上帝 (耶和華) 的。祂乘駕天空來作你 (以色列) 的幫助，祂的威榮穿越雲霄。』申 33:26。

<祝福> 的末了，摩西以申 33:29 這節經文，畫下一個斬釘截鐵的句點和宣告：

『以色列 啊，你是有福的！
誰像你 這蒙耶和華所拯救的百姓 呢？
祂是你的盾牌，幫助你，是你威榮的刀劍。
你的仇敵必投降你；你必踏在他們的高處。』

# 申命記 No.11 妥拉 <祝福> 篇（פרשת וזאת הברכה）

經文段落：《申命記》33:1 - 34:12
先知書伴讀：《約書亞記》1:1-18
詩篇伴讀：8、12、147
新約伴讀：《馬太福音》5:17-20、《使徒行傳》1:1-11、《啟示錄》22:1-5

## 一、 <所祝的福>

申命記第十一段妥拉，也是整部妥拉(摩西五經) 的最後一段，標題<所祝的福>。
經文段落從申命記 33 章 1 節到 34 章 12 節。<所祝的福>這個標題，在申 33:1：

> 『以下是神人摩西在未死之先為以色列人 **所祝的福**： 』
> **וְזֹאת הַבְּרָכָה** אֲשֶׁר בֵּרַךְ מֹשֶׁה אִישׁ הָאֱלֹהִים אֶת-בְּנֵי יִשְׂרָאֵל לִפְנֵי מוֹתוֹ.

這段妥拉的標題: <**所祝的福**> (**וְזֹאת הַבְּרָכָה**) 就是希伯來經文申 33:1 的第一和第二個字，這個詞組(**וְזֹאת הַבְּרָכָה**)，就是申命記第十一段妥拉的標題。

整部妥拉(摩西五經)，最後是以一段對以色列<祝福>的話，也就是摩西預言將來的以色列，不論如何「最終將會」得到耶和華神的「**恢復-重建**」和最終「**救贖**」，這是意味深長，也是意義深刻的。

而且這個<祝福>，正如我們在申命記 33 章一整章所看到的，是耶和華神透過摩西，來為著以色列全會眾，所有支派，每一個成員來<祝福>。

摩西在 33 章最後<祝福>的結語這樣說，申 33:29：

> 『以色列啊，**你是有福的**！誰像你 **這蒙耶和華所拯救的** 百姓呢？
> 衪是你的盾牌，**幫助你**，是 你威榮的刀劍。
> 你的仇敵必投降你；你必踏在他們的高處。 』

是的，以色列「蒙召」和承接「使命」要成為祭司的國度和聖聖潔的子民，這一切都是從這位「**守約-信實**」的耶和華神在埃及所施行的「**救贖-拯救**」開始的。

就正如申 33:29 的經文說到的，「誰像你」像你們以色列百姓「親身經歷」耶和華神，在你們當中所行的這一切神蹟、奇事、伸出來的膀臂、大能的手、征戰……這些事，在歷史上，有哪個特定的民族曾「親眼見過」？

> 『上帝 何曾 從別的國中將一國的人民 領出來，
>
> 用 試驗、神蹟、奇事、爭戰、大能的手，
>
> 和 伸出來的膀臂，並 大可畏的事，
>
> 像耶和華－你們的上帝 在埃及，
>
> 在你們眼前 為你們 所行的一切事 呢？』申 4:34

所以，你們以色列人實在是有福的，你們是一群蒙福的百姓，之所以蒙福，是因為你們的上帝:耶和華神，這位「創造」天地宇宙萬物的神，**祂親自成為你們的「盾牌-守護者」**。

就像先知以賽亞在許多處經文中，常會用到的一個稱呼說:耶和華是「**以色列的聖者**」(קְדוֹשׁ יִשְׂרָאֵל)，祂是「創造」以色列的，也是「救贖」以色列的。[1]

如果說，耶和華神，這位「創造萬物」的偉大造物主，就是「**保護以色列**」的這一位上帝，那麼，就如申 33:28 所說:

> 『以色列 單獨 安然居住；
>
> 雅各的泉源向著 五穀 和 新酒之地。
>
> 他的天也 滴下甘露。』

對於過去在歷史上被「趕逐-流亡」四處，受「逼迫-殺害」的以色列餘民來說，申 33:28 的經文是何等大的應許與 <祝福>，那就是將來，會有這麼一天，以色列可以「單獨-安然居住」，不受地上列國、政治強權，和其它的勢力「干擾-操作」甚至是「侵略-佔領」。

即便到了末後的日子，以色列會成為「終末大戰」的主要核心戰場，「反猶-反以」的勢力會強大到『列國要來攻打耶路撒冷』，就如同先知撒迦利亞所預言的(撒迦利亞 14:2)，但是，耶和華神在這裡，透過摩西最後的 <祝福>，用很形象化的語言，來具體告訴以色列百姓，就是申 33:26 所說的:

---

[1] 以賽亞書 43:1,3『雅各啊，創造你的耶和華，以色列啊，造成你的那位，現在如此說：你不要害怕！因為我救贖了你。我曾提你的名召你，你是屬我的。因為我是耶和華－你的上帝，是以色列的聖者－你的救主；我已經使埃及作你的贖價，使古實和西巴代替你。』

『耶書崙 (以色列) 哪，沒有能比上帝 (耶和華) 的。
祂乘駕天空 來作你的幫助，祂的威榮穿越雲霄。』

## 二、 疼愛以色列

『祂 疼愛 百姓；眾聖徒 都在祂手中。
他們坐在 祂的腳下，領受 祂的言語。』申 33:3

以色列是耶和華神「手中的產業」，是貴重的產業，是看為「珍寶的百姓」，這個看為如同「寶物」一般的百姓，就是由這一個希伯來文的詞組具體表達出來的，叫作(עַם סְגֻלָּה)，英文翻作 **a treasured people**. [2]

當耶和華神呼召摩西要來帶領以色列百姓「出埃及」時，耶和華神對摩西說，出埃及記 4:22：

『你要對法老說：耶和華這樣說:
以色列是 我的兒子，我的長子。』

這是整部妥拉，首次向一個地上的帝國，一個外邦的政治強權，一個「迫害-殺戮」以色列的惡勢力，來宣示並詔告天下，以色列是我耶和華神的「兒子-長子」這樣特殊的身分。

所以，用先知撒迦利亞書的話就是，撒迦利亞書 2:8：

『摸你們(以色列) 的，
就是 摸祂 (耶和華) 眼中的瞳人。』

在希伯來聖經裡，表達出「耶和華神-以色列」的關係，除了「父-子」的緊密血緣關係來比擬之外，另一個就是「男-女」之間那「濃情蜜意、熱烈如火」的愛情關係，是「夫妻」之間那「山盟海誓」的「永恆婚約」。

關於這一點，在雅歌這卷書，有非常淋漓盡致的表達和體現。

---

[2] 出埃及記 19:5『如今你們若實在聽從我的話，遵守我的約，就要在萬民中作屬我的 **產業/珍寶**
(סְגֻלָּה)， 因為全地都是我的。』

在「逾越節」這個耶和華神對以色列百姓「守約」，施展「大能救恩」的偉大的節期當中，按傳統，猶太人會讀 雅歌(שיר השירים) 這卷書，以茲紀念耶和華神與他的子民，那轟轟烈烈、又永不止息的「愛情故事」，雅歌 2:10-13：

『我良人對我說，**我的佳偶，我的美人，起來，與我同去**。因為冬天已往。雨水止住過去了。**地上百花開放，百鳥鳴叫** 的時候〔或作修理葡萄樹的時候〕已經來到，斑鳩的聲音在我們境內也聽見了。無花果樹的果子漸漸成熟，葡萄樹開花放香。**我的佳偶，我的美人，起來，與我同去。**』

以色列百姓，正是在「春季」地上百花開放，百鳥鳴叫時「出埃及」，因此以色列百姓出埃及的月份，除了叫「尼散月」(ניסן) 意思為「奇蹟/旌旗」之外，這個月份的別名又叫作「亞筆月」(אביב) 意思就是「春天」。

> 『愛情，**眾水** 不能熄滅，
> **大水** 不能淹沒。』雅歌 8:7

若把雅歌 8:7 對比到以賽亞書 17:12-13.這兩處經文，那就比較清楚這個『大水、眾水』指的是什麼，以賽亞書 17:12-13：

> 『唉！**多民的鬨嚷**，好像「呼嘯的海浪」在呼嘯；
> **列邦的喧鬧**，好像「猛水」的轟鳴，發出喧鬧聲；
> 列邦喧鬧，好像「大水」滔滔；
> 但神斥責他(們)，他(們)就遠遠躲避，
> 他(們)被追趕，如風前山上的糠秕，又如暴風前的碎秸。』

是的，地上的萬國列邦，政治勢力強權，大家都在為著以色列在「爭論不休」、在「鬨嚷喧鬧」，甚至想要「逕自決定」以色列前面-未來的「道路-命運」。

但是，最終會發現，耶和華神與以色列所立的永恆「盟約之愛」如死之堅強，是列邦萬國「不能」，也「無法」用人的勢力和強權來廢除。最後，以詩篇 2 :1-6 這段經文作一個小結：

> 『**外邦** 為甚麼爭鬧？**萬民** 為甚麼謀算虛妄的事？
> **世上的君王** 一齊起來，臣宰一同商議，**要敵擋耶和華並他的受膏者**，說：
> 我們要掙開他們的捆綁，脫去他們的繩索。
> 那坐在天上的必發笑；主必嗤笑他們。
> 那時，祂要在怒中責備他們，在烈怒中驚嚇他們，說：
> **我已經立我的君在錫安－我的聖山上了。**』

## 三、 以色列的「產業」

『摩西將 律法(妥拉) 傳給我們，作為雅各(以色列) 會眾的產業(遺產)。』申 33:4

**תּוֹרָה** צִוָּה-לָנוּ מֹשֶׁה: **מוֹרָשָׁה קְהִלַּת** יַעֲקֹב

在申命記前面幾段妥拉，譬如:

第二段<我懇求>篇的第二段信息<有智慧-有聰明>、
第五段<審判官>篇的第三段信息<抄錄律法書>、
第九段<他離去>篇的第三段信息<誦讀律法書>，

筆者都已經分享過:耶和華神的律法(妥拉) 的重要性。

在摩西最後一個月，和以色列百姓講話的內容中，其中一個最常提醒和告誡的就是，要「謹守遵行」神的律法，要「抄錄」律法書，要「誦讀」律法書。

為什麼要把「神的律法(妥拉)」看得如此重要，原因很簡單，那就是: **這是耶和華神「單單」向你們以色列「啟示-顯明」出來的「聖法」**，在耶和華神頒布-制定的這些「律例-法度-誡命」當中，蘊含著許多神「**奧秘的智慧**」和「**啟示的亮光**」。正如申 4:7-8 所說:

『哪一大國的人 有神與他們相近，像 耶和華－我們的上帝、在我們求告他的時候 與我們相近 呢？又哪一大國 這樣公義的律例典章、像我今日在你們面前 所陳明的這一切律法 呢？』

所以，你們以色列百姓，若好好「實踐並保存」耶和華神律法當中的這些「啟示-奧秘-智慧」的話，那耶和華神一定會使你們在列國中顯得有聰明、有智慧，申 4:6：

『這就是你們 在 萬民眼前 的 智慧、聰明。他們聽見 這一切律例，必說:『這大國的人真是 有智慧，有聰明！』

所以，在申命記 33 章，最後對以色列百姓的<祝福>當中，摩西告訴以色列人，你們所領受最大的<祝福>和禮物，其實就是**耶和華神的律法(妥拉)**，以及這律法中的一切「**智慧-啟示**」，這就是你們以色列「最寶貴」的遺產，這是你們「全會眾的產業」，所以你們一定要好好「保守-護衛」，並世世代代「教導-傳承」這寶

貴的遺產。

正是因為這個緣故，所以猶太人後來在「住棚節」結束後的隔天，有了一個增補的節期，叫「**歡慶妥拉節**」，希伯來文(**שִׂמְחַת תּוֹרָה**)，這個詞組直接翻譯，意思就是:「**妥拉歡慶**」

之所以把「歡慶妥拉節」這個節期緊接著設在「住棚節」後，正是對應申 31:10-12 這段經文提到:

> 『每逢七年的末一年，就在豁免年的定期 **住棚節** 的時候，以色列眾人來到耶和華－你上帝所選擇的地方朝見他。那時，你要在以色列眾人面前將 **這律法(妥拉)** 念給他們聽。要招聚他們男、女、孩子，並城裏寄居的，使他們聽，使他們學習，好敬畏耶和華－你們的上帝，謹守、遵行 **這律法(妥拉)** 的一切話。』

這裡，耶和華神透過摩西向以色列百姓明訂，以色列人每七年的「住棚節」，需要號召全國百姓，來到耶路撒冷，一起做一件事，就是「**一起誦讀**」耶和華神的律法(妥拉)。

可以想像嗎，當第七年的「**住棚節**」來到時，以色列「**全國上下**」，大家「**一起聚集**」在首都，大聲地讀著「神的話」的那種震撼的場面?

事實上這樣的場面，在尼西米記第八章曾經看到過，那時，被擄歸回的猶太人，來到耶路撒冷，在文士也是祭司以斯拉的號召下，大家一起在聖殿前，激動地讀著神的律法(妥拉)，當時正好就是「**住棚節**」，尼西米記 8:17-18:

> 『從擄到之地歸回的 **全會眾就搭棚，住在棚裏。**
> 從嫩的兒子約書亞的時候直到這日，以色列人沒有這樣行。
> 於是 眾人大大喜樂。
> 從頭一天直到末一天，以斯拉 **每日念 上帝的律法書 (妥拉)。**
> 眾人守節七日，第八日照例有嚴肅會。』

是的，因著，神的律法(妥拉) 是以色列「世世代代」傳承下來「寶貴」的產業，所以，直到今天的以色列，每年的「住棚節」結束之日就會有一個叫作「**歡慶妥拉節**」的節期，這乃是為了要慶祝，在過去的一年中，每一個人，又把神的律法(妥拉) 又全部「讀完一遍」，所以大家會在「歡慶妥拉節」，把會堂裡或是家裡的妥拉卷軸抱出來，大家圍著一起「歡慶-跳舞」。

最後，以詩篇 78:5，來作一個小結:

『因為，祂 (耶和華) 在雅各中 立 法度(見證)，
在以色列中 設 律法(妥拉)；
是祂吩咐我們祖宗 要傳給子孫 的。』

וַיָּקֶם עֵדוּת בְּיַעֲקֹב
וְתוֹרָה שָׂם בְּיִשְׂרָאֵל
אֲשֶׁר צִוָּה אֶת-אֲבוֹתֵינוּ לְהוֹדִיעָם לִבְנֵיהֶם

## 四、 耶和華做王

『(耶和華) 祂 在 耶書崙 (以色列) 中 作王，
在 百姓的眾首領，以色列各支派，一同聚會 的時候。』申 33:5

וַיְהִי בִישֻׁרוּן מֶלֶךְ
בְּהִתְאַסֵּף רָאשֵׁי עָם יַחַד שִׁבְטֵי יִשְׂרָאֵל

耶和華神「在以色列做王」這件事，在妥拉(摩西五經)中，特別是在出埃及記，可以清楚地看到這一整個發生的過程，也就是: 耶和華神，是如何地向世人來顯明，並強力地來證明，祂從始至終，從古到今，一直都是「**希伯來人的上帝**」，都是「**以色列的神**」。回顧一下出埃及記，當摩西要帶領以色列百姓「出埃及」之前，摩西第一次去找法老時所說的話，出埃及記 5:1:

摩西、亞倫去對法老說:
**耶和華－以色列的上帝** 這樣說:
『容我的百姓去，在曠野向我守節。』

在 5:1 節的經文我們看到，耶和華神要摩西去對法老清楚明白地說，這位創造宇宙萬物的耶和華神，乃是「**以色列的上帝**」 (**אֱלֹהֵי יִשְׂרָאֵל**)。

另外，在整個十災的開展過程中，特別在出埃及記第二段妥拉<我顯現>篇，論到耶和華神的「權柄-榮耀」和「大能-大力」的完全<開顯-顯現>的時候，在以「每三個災」為一組的災難，也就是每一組的災難中，像是第一災水變血、第五災畜疫之災、和第七八災的雹災-蝗災中，在 **出埃及記 7:16, 9:1, 9:13, 10:3.** 這

四處的經文，都會特意冠名：

『耶和華「希伯來人」的神』
יְהוָה אֱלֹהֵי הָעִבְרִים

是的，耶和華神，是「以色列的上帝」、是「希伯來人的神」，耶和華在以色列中做王。耶和華神「在以色列中做王」最強而有力的證明和表達就是，以色列各支派領袖，以色列的全會眾，來到西奈山領受耶和華神的聖法、十誡，並且耶和華神與以色列「立約」，這就是出埃及記 19:6 耶和華說的：

『你們要 歸我 (耶和華) 作 祭司的國度，為 聖潔的國民。』

然後以色列百姓的回應，在出埃及記 19:8：

百姓都同聲回答說：「凡耶和華所說的，我們 都要遵行。」

當然，後來的歷史我們知道，以色列百姓進入迦南地，得地為業後，犯罪-敗壞，「離棄」耶和華神，沒有謹守遵行，甚至「廢棄」神的律法，以致惹動耶和華神的憤怒，導致以色列國破家亡，猶太人被「趕散-流亡」到世界各地，這個，就是過去兩千多年來，我們在世界歷史所看到的。

不過，即便如此，以色列「滅國」，猶太人「流離失所」，但耶和華神仍是「以色列的神」，耶和華神依然是那位與以色列「立約」並且也會「守約」的神，是「信實的」上帝、「永不改變的」造物主，祂會在末後的日子「再次召聚」那些被趕散的餘民「回歸」到先祖之地，並「重建」以色列，「恢復」以色列。

就正如在先前的妥拉分享中，譬如：

利未記第八段妥拉<訴說>篇第二段信息<節期的功能>、
利未記第九段妥拉<在西奈山>篇第五段信息<禧年的終末論>、
利未記第十段妥拉<在我的律例>篇中第五段信息<守約的神>、
申命記第二段妥拉<我懇求>篇第三段信息<趕散與回歸>、
申命記第八段妥拉第三段信息<心裡受割禮>，

都已有詳細分享過的，就是: 因著耶和華神「立約-守約」的屬性，以色列「被趕散-流亡」到列國中的「服行期滿」後，就會再次「回歸」到先祖之地的信息。

以色列終末的「召聚-回歸-重建」，也是妥拉以及所有先知都在預言的一個重大

主題，這乃是關乎耶和華神的「主權-計畫」，是為了要向萬邦列國來顯明，那就是:耶和華神仍然是那位「**以色列的神**」、「**希伯來人的上帝**」，因為將來耶和華神的榮耀，還會再次彰顯「**臨住-同在**」在以色列和聖地以色列的「**中間**」。以西結書 43:2-7：

『以色列 上帝的榮光 從東而來。他的聲音如同多水的聲音；地就因祂的榮耀發光。...耶和華的榮光 從朝東的門 照入殿中。靈將我舉起，帶入內院，不料，**耶和華的榮光 充滿了殿**。我聽見有一位從殿中對我說話。有一人站在我旁邊。他對我說：「人子啊，**這是我寶座之地**，是我腳掌所踏之地。**我要在這裏住**，在以色列人中 直到永遠。以色列家 和 **他們的君王** 必不再玷污我的聖名，就是行邪淫、在錫安 的高處 葬埋他們君王的屍首。』

以西結書最後面幾章的經文，預言和講述的都是「**未來聖殿**」的事情，在未來的聖殿中，還可以見到象徵性的「**獻祭**」活動被展示出來，甚至，就連「**節期、安息日、月朔**」的禮儀都有清楚詳細的記載。

關於耶路撒冷「未來聖殿」的預言，在以西結書 48:35 這一節經文畫下句點，以西結書 48:35：

『城四圍共一萬八千 肘。

從此以後，這城的名字必稱為「**耶和華的所在**」(**יְהוָה שָׁמָּה**)。』

「**耶和華的所在**」(**יְהוָה שָׁמָּה**) 直譯就是「**耶和華在那裏**」，英文 **Yehovah Is There**.

是的，當以色列被耶和華神再次「召聚」，「回歸」到先祖之地，「靈被洗淨」，並且也「全員到齊」的時候，那麼，耶和華神就會再次「在以色列中做王」，並在萬邦列國中「宣告」耶和華神的王權，這也就是申 33:5 所說的：

『百姓的眾首領，**以色列的各支派，一同聚會** 的時候，

**耶和華在耶書崙 (以色列) 中為王**。』

# 五、 救贖歷史

在整部妥拉(摩西五經) 的最後一段<祝福>篇的最後一段信息，一起來回顧，從創世記一直到申命記的敘事發展，在這樣的回溯當中，也讓我們清楚知道，在耶和華神透過摩西所記載的這些事件中，其所反映出來的一種「**神聖介入**」的「**歷史觀**」。

在創世記，創世最初的兩個人類的十代，從「亞當到挪亞」、以及從挪亞的兒子「閃到亞伯拉罕」這兩個人類的十代，最後都因著「犯罪-墮落」而失喪了。

在創世記前面的兩段妥拉<在起初>篇和<挪亞>篇裡，我們看到，亞當犯罪後，人類歷史發展的結局是「**大洪水**」。而洪水毀滅後的挪亞，他的後代又想要集體來對抗神，建造「巴別塔」，宣揚人自己的名和榮耀，結果人類的語言遭到變亂，從此散居各地。

人類歷史「發展至此」，似乎整個世界和大地都充滿人的罪惡和敗壞，耶和華神「找不到」一個義人。但耶和華神的計畫和心意沒有改變，祂想要「**修復**」這個破敗的世界，讓人類的世界可以「回到」<起初>的聖潔和美好。所以，耶和華神「呼召」**亞伯拉罕**，來肩負這個重大的使命，那就是: 要透過亞伯拉罕，將人類歷史「歪曲乖謬」的發展，「**拉回-修正**」到「**正確的**」軌道上。

因此，接續的創世記第三段妥拉<要離去>篇，從這段妥拉的標題:<你要離開>，<**你要離去**> 這正是要清楚表明: 你亞伯蘭，從現在開始，要<離開>這個，因著人類「罪惡」而造成的「人世敗壞」，和「土地淪喪」的四周環境，另外「開闢並走上」一條我耶和華神「所要指示」你走的道路。創世記 12:1:

> 『耶和華對亞伯蘭說:「**你要離開** 本地、本族、父家，
> 往我 所要指示你的地去。」』

亞伯拉罕的 <要離開> 本地、本族、父家，這其實就意味著，亞伯蘭要和人類「犯罪」的歷史和過往，來個「一刀兩斷、澈底斷絕」，然後呢，要去，去哪裡？去到耶和華神的面前，去到耶和華神所要給你的「呼召-命定」上，去到耶和華神所「應許」給你的「產業」那裡。

就這樣，耶和華神透過亞伯拉罕，另外架構出一條「**救贖歷史**」的人類「發展主線」，在亞伯拉罕後，耶和華神也進一步「拉出」，並「確立-鞏固」一條神聖產

業「血脈傳承」的系譜，也就是「**亞伯拉罕-以撒-雅各**」的這支「**聖約血脈**」，目的就是要「**確保**」修復世界、回到起初的這項「人類救贖」的偉大工程可以被「**延續**」下去，不致中斷。

然後，來到出埃及記，就更清楚看到，耶和華神為了要讓這支「聖約血脈」的系譜和後代，也就是「以色列」，可以繼續發展下去，所以耶和華神不惜啟動**十災**，來擊打法老，以及粉碎埃及帝國，為的就是要「**全力搶救**」以色列，使以色列百姓可以「出埃及」。

以色列百姓出埃及的最終目的，就是要「**繼續承接**」先祖們從耶和華神那裡領受來的「呼召-應許」，所以很快地就來到 **西奈山**，和耶和華神「**立約**」，要成為「祭司」的國度，「聖潔」的子民，然後在出埃及記第二年正月，以色列營地中間有了 **會幕**，這個「神聖臨在」的空間-居所。

接著，進入利未記，耶和華神向以色列百姓頒布一切的聖法、律例、典章、法度、誡命⋯⋯這些所謂的一切 **律法(妥拉)**，目的乃是耶和華神要以色列人學習「**成聖**」，並在「生活」的「各個面向」都要成聖，好讓以色列百姓將來進入迦南地，得地為業後，可以在土地上建立出一個「**公平-正義-真理-聖潔**」的人類社會，使以色列成為列國的光，萬邦列國學習的楷模。

這個，就是耶和華神，要領以色列百姓「進入應許之地」，使「土地成聖」的最終目的，因為原來神的計畫，是要在迦南地這塊土地上，建立「**神的國**」，讓神的國「**在地上**」運行這件事得以首次被實現-成就。

再到民數記，雖然以色列已經歷這麼多神蹟奇事，天天都有雲柱、火柱，天降嗎哪，甚至營地中間也有耶和華「神的居所-同在」的會幕，有神隨時的「保守-護衛」，但以色列百姓還是常常小信，偏行己路，甚至想走回頭路，回去埃及，以至於常惹動神的怒氣，在民數記裡，看到許多次，因著以色列百姓的悖逆，而遭致「神的懲罰」、瘟疫的管教。

最後，總算跌跌撞撞，走到申命記，以色列百姓準備要過約旦河，前進迦南，摩西在最後一個月向這群新一代的以色列百姓交代，並警戒許多重要的事情，甚至許多都還是關乎以色列「**將來-終末**」會遭遇-發生的事情。

前文，一路從創、出、利、民、申這樣一路把「整部妥拉」回顧下來，很清楚的可以看到，在妥拉記述的故事和這些「歷史」發展脈絡的中，背後，一切都是有耶和華神的「**介入-引導**」，甚至「**改變**」。

從耶和華神「揀選-呼召」亞伯拉罕，並亞伯拉罕的後代子孫，也就是「以色列」開始，耶和華神的手就**「正式介入」**到人類的歷史發展中，並**「改變-扭轉」**人類歷史繼續走向「犯罪-墮落-敗壞」的慣性。

因為，耶和華神透過**「以色列」**，大刀闊斧地開闢出一條**「救贖歷史」**的發展主線，而這條線直到今日，還仍然運作著。

## 問題與討論：

1. 申命記最後一段妥拉的標題是什麼？ 以「這個標題」作為整部妥拉的收尾有什麼重要的意涵？

2. 在第二段信息「疼愛以色列」一文中談到，耶和華神是以「男-女」之間那「濃情蜜意、熱烈如火」的愛情，以及「夫妻」之間那「山盟海誓」的「永恆婚約」的關係，來比擬祂自己和祂子民的關係，這樣的關係在雅歌這卷書有很具象地描述。在雅歌 8:7：『愛情，**眾水** 不能熄滅，**大水** 不能淹沒。』這裡的「大水、眾水」指的是什麼？

3. 申 33:4『摩西將 律法(妥拉) 傳給我們，作為雅各 (以色列) **會眾的產業。**』為什麼整本聖經把「神的律法(妥拉)」看得如此重要？ 以至於來到妥拉的最後，都還要再次提說和強調這事: 要把神的律法 (妥拉) 當成以色列 **世世代代 必須要 傳承** 的貴重產業。

4. 申 33:5：『百姓的眾首領，**以色列的各支派，一同聚會** 的時候，**耶和華 (祂) 在耶書崙 (以色列) 中為王。**』你覺得這節經文在講什麼？在預言什麼？ (參以西結書 43-47 章)

5. 從整部妥拉(摩西五經)中，你是否可以簡單地概述，從創世記一直到申命記經文敘事的發展，耶和華神在這個 (經文發展) 過程，是如何地從人類歷史中，另闢一條 **救贖歷史** 的主線；另外，這條線是由「哪一個人」所開啟的？ 因著他的回應耶和華神的呼召，所以才使得這條線得以被開展。

奧秘之鑰 解鎖妥拉系列(五) 申命記

作者：鹽光

發 行 人：鍾塩光

出 版 者：妥拉坊

地 址：台北市大安區忠孝東路三段 303 號 4 樓之 5

電 話：0916-556419

電子郵件：torahsc@gmail.com

網 址：www.torahsc.com

出 版 年 月：2023 年 1 月初版

定 價：新台幣 888 元

ISBN：978-626-97072-0-1　(平裝)

展售處（銷售服務）：妥拉坊

地 址：台北市大安區忠孝東路三段 303 號 4 樓之 5

電 話：0916-556419

網 址：www.torahsc.com

電子郵件：torahsc@gmail.com

電子書設計製作：伯特利實業有限公司

設計製作：林子平

地 址：台北市文山區指南路二段 45 巷 10 弄 11 號 B1

電 話：29372711